Wise as Fu*k

Gary John Bishop

どうしようもない
不安を乗り越える
とんでもなく賢い
人生の送り方

ゲイリー・ジョン・ビショップ
高崎拓哉・訳

Discover

Published by arrangement with HarperOne, an imprint of
HarperCollins Publishers,
through Japan UNI Agency, Inc., Tokyo

この本を、もっと意味のある人生を送りたいすべての人に捧げる。
あなたが今どこにいようと、何をしていようと、道は必ずある。

WISE AS FU*K

Gary John Bishop

どうしようもない不安を乗り越える
とんでもなく賢い人生の送り方

目次

第1章 人生を変えるために必要なこと

第2章 役に立たない知恵

第3章 愛情のための知恵

第4章
喪失についての知恵

第5章 恐怖に打ち克つ知恵

第6章
成功についての知恵

第7章 とんでもなく賢い生き方

第8章 本当の貢献

第1章

人生を変えるために必要なこと

知恵は人を成熟させる。
新しい視点をもたらし、
人生の泥沼をわたる道を切り開く。

どうしようもない不安や人生のゴタゴタへのヒントをくれるのは誰？

あなたが今、どんなに悲惨な状況にあるにせよ、はっきりしていることがひとつだけある。それは、そこから抜け出す方法を示してくれる人は誰ひとりいなかったことだ。

どこからともなく忍び寄ってきた人生のトラブルに顔面を蹴飛ばされ、にっちもさっちもいかなくなったとき、どうすればクリアーな思考や心の平穏は手に入るんだろう？　何をすべきかのヒントはどこへ行けば手に入るんだろうか？

日々の差し迫った仕事や人間関係、家族、たるんだ体、過去や未来、あるいは今、世界で猛威を振るっているウイルスなんかと闘いながら、同時に困難を克服し、不安を取り除き、眠ったままの自分の可能性を目覚めさせるにはどうすればいいのだろうか。

どんな人も人生の嵐や事故に見舞われることはある。ところが私たちの手元には、そうしたものへの対策が悲しいほど足りていない。

人はみな、混乱しておろおろするのが好きだなんて言うつもりはない。ずぶずぶの人間関係や停滞したキャリアの堂々巡りに陥り、失恋や失敗につきものの痛みや恐怖を味わいたくてたまらない人なんてどこにもいない。私たちの望みは人生を前進させ、不可解さやわかりにくさ、複雑さから解き放たれた人生を送る方法を知ることだ。

要するに、**人はみな、もっといい人生を送りたいと感じている。ところがそのためのヒントや、正しい決断をする方法がわからないのだ。**

人生が軌道を外れ始めたとき、アマゾンのAI、アレクサにただ答えを聞くだけですんだらどんなに楽か。そうやって次に取るべき天才的な動きを練り、スタンバイ中のアマゾン製品を巧みに使いこなして、未来へ軽やかにステップを踏んで行けたら最高だろう。プレイリスト、オーケー。アラーム、セット完了。辞書で意味確認。それじゃあ、ずっと抱えてる恨みや、夢を先延ばしにしがちな性格をどうにかして、人生を変える決断を即、下す方法は……ああもう、アレクサ、なんとかして！

もしかしたら、答えは食生活かもしれない。だから今朝食べたアボカドトーストにちりばめた甘美で温かな古代の知恵に目を向けて、それをヒントに1日を乗り切っていくのもいいのかもしれない。

いや、ごめん、ウソをついた。どうやら人は、一番厳しい局面で一番間抜けになってしまう生き物のようだ。胃が痛くなるような心の萎えるシチュエーションに力強く立ち向かわなくてはならず、万能の食材を欲しているときに限って、残念ながら手持ちの知恵は空っぽだ。

きっといずれは、便利なライフスキルをつぎはぎしてトラブルを処理し、次の問題に備え、なんとか日々を乗り切っていけるはずさ。それまでは、苦しみと折り合いをつけたり、黙殺したりして、ポジティブな姿勢を保っていけばいい——。

そう言いながら、誰もが苦しみの中で何日も過ごしている。

あるいは何週間も。

場合によっては何カ月も。

人によっては、そうした状態が長く続いたせいで、何も見えなくなっている人もいる。

ゴタゴタはいつまでも残るのが人生だ。空が灰色なのだって、そういうものなんだから仕方ない。傘を持って出かけることだ。

そうやって、人は妥協しながら生きていく。賢くなることをしないまま。「賢くならないまま？　いいや、自分は経験から学んで賢くなってるよ！」

ところが実はそうでもないのだ。「もう二度とあんなことはしない」という誓いが、本当の意味での知恵と言えるだろうか。それは単なる習慣であって、そんなものでいいなら私の5歳の息子も身につけている。そう、まだ5歳でだ。

しかもそれは、無敵の習慣でもない。熱いコンロに触ったらやけどすると学ぶのはいいことだが、そのせいで愛情やチャンス、リスクに身をさらせない人間になっているとしたらとても悲惨だし、自分の行動に縛られて、檻に入れられているに等しい。そうやって簡略化され、退屈し切り、ビビりまくっている自分を果たして賢いと言えるだろうか。

簡単に言えば、**ほとんどの人は知恵を獲得し、それを使って人生を根本的に変えるためのアプローチを完全に間違っている。**自分の人生に関わる何らかの情報や指針、誰にでも使える作戦を見つけて導入すれば、自分が今主役を務めているどうしようもない番組が魔法のようにリセットされると思い込んでいる。

ここではっきりさせておきたい。

知恵はそういうものじゃない。

あなたに本当の変化をもたらす「知恵」の身につけ方

私は、**知恵というのは自分にとっての真実であり、考え方の土台、あるいは人生の紆余曲折を切り抜ける際に立ち戻るべき視点**だと思っている。決断をすべき場面、人生の交差点で道を選ぶべき場面において、真実は思考をクリアーにしてくれるだけでなく、次に取るべきステップを次の一呼吸と同じくらい明白なものにしてくれる。

なぜ人生には知恵が必要なのか。それを知るには、あなたがそうした疑問を抱き、この本を買ったことがちょっとしたヒントになるだろう。

というのは冗談だが、まじめな話、知恵というのは私たちが実体験や読書、会話を通じて身につけてきた、全幅の信頼を置く全能のものだ。

私の言う知恵がどういうもので、どういう仕組みかを説明するために、簡単な例をあげよう。

「あなたは今の人生に甘んじることを自ら望んでいる」

1分間、この言葉と付き合ってみてほしい。ゆっくりとかみしめて、自分の今の人生と照らし合わせてほしい。何が見えるだろうか。自分の人生に当てはめていたら、どこかのタイミングで何か考えなくてはならないことが頭に浮かんでこないだろうか。

この言葉にはいろんな含蓄があるが、何よりもまず、あなたをスポットライトの下へ無理やりにでも引きずり出す力がある。この言葉を突きつけられて、それでも自分の人生や状況について責任逃れを続けるのは難しい。

この言葉を目にした人の心には、「自分の人生をなんとかするには自分ががんばらなくちゃいけない」「妥協したり、先延ばしにしたりはもうできない」という人生観が浮かぶ。

この言葉は、自分の人生に引きつけて考えることを求め、真実を教える。単純な一言だが、他人に責任をなすりつけ、ゴシップを交わし、被害者面《づら》をしたい誘惑への防波堤になる。何かイヤなことを誰かのせいにしたくなったら、この言葉を思い浮かべてほしい。自分が何をすべきかが見えてくるはずだ。

知恵とはこういうふうに、まずは理解し、次に自分に当てはめて考え、最後に実生活に応用するという過程をたどる。この大切な流れを頭に入れてから、この先を読み進めてほしい。人生の主人公は自分しかいないのに、人はすぐ、主人公に助けを求めるほうの役を演じたがる。

しかし、優れた知恵はこうした日々に終止符を打つ。**あなたを人生や未来に責任を持てる人間に引き戻す**。望むような人生を生み出せるのは自分だけだし、その権利をあなたから奪うことは誰にもできない。これはとても心強いことだとは思わないだろうか。

では、知恵が心の内から湧き起こり、人生の指針となる真実の数々だとしたら、その中から「自分に合ったもの」を見つけるにはどうしたらいいのだろうか。

まずは思考のプロセスを考えてみよう。あなたは何かを「熟考」したことはあるだろうか。とりとめのない考えや、簡単な振り返りなんかじゃない。ある考えや疑問にじっくり腰を据えて取り組み、その過程で自分の新しい可能性が見えてくる体験だ。そういう個人的に腑に落ちる瞬間、自分ならではの発見に出合ったことはあるだろうか。

この本の知恵をあなたの人生に根付かせるには、そこが出発点になる。そうやって自分に何かを問いかけ、振り返り、顧みることで、これまでぐったりとマヒしていた何かがよみがえり、輝き、刺激を受けて元気になる。

最高なのは、**本物の知恵には賞味期限がない**ことだ。脳天を突き刺す稲妻のような発見は、自分にとって本当に大切なもので、どこかへしまい込むことは絶対にできない。しかも見つけて終わりじゃなく、意識的に活用し、人生にそのまま組み込んで、参考にもできる。それが単なる知識と知恵との一番の違いだ。何かを読んだり、憶えたりは誰だってできるが、そこから何かを学び、教訓に基づいた人生を送るのは、誰にでもできることじゃない。

とはいえ、**人生の中心に据える真実を見つけ出すには多少の練習がいる。**だから「ハウツー」型の人生の攻略法を見つけるほうがずっと簡単に思える。しかし、そういった上っ面をなぞるだけのやり方はうまくいかない。「成功の五つのステップ」みたいなポイントのずれた人生の攻略法は、どこかで絶対に破綻する。誰だってシンプルな答えがほしい。成功やスリムな体や愛情が手に入る方法を知りたいし、自分の混乱や無関心、あるいはこれまで築いてきたストーリーの枠を超えて考えるなんてイヤだと思っている。しかし心の奥底へ飛び込んで見つけた無限の知恵は、人生のちょっとした問題に対するその場しのぎの解決策にとどまらない影響をもたらす。

また多くの人は、生まれ変わった自分を維持するには何か新しいことを見聞きする必要があると信じているが、それも違う。すべては自分にかかっている。その情報にしっかり向き合って意味のある変化を起こせるか、それとも単にデータを取り込んで一時的にいい気分になって終わるだけなのかは自分次第だ。

「賢い」人物と聞いて、たいていの人は「いろんなことを知っている人間」や、忍耐力とか思いやりといった美徳をもともと備え、すばらしい人間性を示す人間を思い浮かべる。

しかし、辞書の内容をすべて記憶しているからといって、その人が賢いとは限らない。「大惨事」という言葉の意味を知っていても、人生が焼け落ちるのを防ぎ、火を消し止める手段を見つける助けにはあまりならない。

人は数字や事実を忘れていく生き物だ。あらゆる物事は、入り組んだ人生に時とともに呑み込まれ、ぼんやりとした記憶の霧に包まれていく。憶えている物事も、人生に違いを作り出すとは限らない。昨晩のニューヨーク・ヤンキースの試合結果や、おばあちゃんの大好きなクッキーのレシピは、正確に口に出すことはできても、心の平穏やクリアーな思考、パワーを手に入れる役にはまったく立たない。

私が会った豊富な知識の持ち主の中には、とても賢いとはいえない人もいた。

当然、その逆もありえる。

新しい知識を得ただけで機械が変わることはない。機械が自分で自分を調べない限り、変化は起こらない。もちろん、ここで言う機械とはあなたのことだ。

この本は「知恵」をテーマにしたもので、あなたに本当の変化をもたらす学びとはどういうものかを解説していく。あなたを賢くし、成長の機会を提示する本だと思ってほしい。

私自身、本当の意味での発見によって人生が一変した経験がある。知ってしまえば、もう後戻りはできない。**知恵を自覚してしまえば、もう誰かのせいにはできなくなる。**遠く離れた場所からでも、自分のどうしようもない言い訳の臭いが嗅ぎ取れるようになる。

私はそうやって、身につけた原則に忠実に従って生きている。そのガイドラインを、素直に人生に適用している。どれも議論の余地のない絶対の真実で、がっかりさせられたことは一度もないからだ。とはいえ、知恵を得たおかげで、完璧な存在になり、偉大な存在や人生のすばらしいあれやこれやの声をたびたび聞けるようになったかと言えば、そんなことはない。私はただの人間で、あなたと同じように困ることもあれば、立ち止まり、怒り、問題と混乱の泥沼にはまることもある。

それでも、私の人生はうまくまわっている。日々の生活に利用できるシンプルな答えを持っているからだ。みなさんも同じものを手に入れられないはずがない。

以前、誰かが「成功したいなら、成功している人がやっていることをやりなさい」と言っていた。どんな物事にでも当てはまる法則だと思うが、この考え方には逆の面もある。

つまり、人生がいつも悲惨なら、おそらくあなたは悲惨な人の典型的な行動を取っている。お金持ちになりたいなら、お金持ちの行動に倣《なら》う必要があるし、スリムになりたいならスリムな人の行動を真似る必要がある。そして順調な人生を歩みたいなら……もうわかるはずだ。

これからあなたは、私と一緒に**人生をよい方へ回転させていく**。時間と、意欲的な脳みそからひねり出せる集中力を総動員して、人生をスパークさせよう。

この本の使い方

本格的にスタートする前に、まずはどんな真実が指針になるのかを確認しなくてはならない。真実をうまく活用するには、「優れた知恵」と「そうではない知恵」の違いをはっきりさせることがとても重要になるから、次の章ではその区別の仕方を紹介する。そして、区別は思ったよりも難しい。しかしその選別が、人生の本質に踏み込むのに必要な準備になる。

人生の本質とは、愛情や愛情の欠如のような、最高の計画をことごとく台無しにし、人生をめちゃくちゃにする基本的な物事だ。この本では、長く手元に置いておける本物の知恵を届け、それを使って基本的な要素に立ち向かってもらう。詳しいことは次章で解説しよう。

しかしその前に、いくつか言っておきたいことがある。

まず、時間をかけてこのアプローチに取り組んでほしい。この本には、適当に読み流していては見過ごしてしまう部分がたくさんある。焦って読み終えようとすると、大事な部分がつかめないまま終わってしまう。**いったん立ち止まり、一息入れて、考え、内容を自分なりにかみ砕こう。**理解できない部分があれば、いい機会だと思って1回読むのをやめ、じっくり考えよう。自分の中で引っかかるものがあるうちは、先に進まないでほしい。賢くなるための道のりは、賢いアプローチをとることから始まる。

今後ずっと使える知恵がスターバックスのコーヒーのようにパッと手に入り、力をくれるということはありえない。だからペースを落とし、考え、心のフィルターでろ過して、人生を通じて発酵させよう。

まずは真実に100パーセント浸り、それから人生のすべてに立ち向かっていこう。そう、今ちょっとまずいことになっている一部分だけじゃなく、全体にだ。

そこでは発見した知恵に目を向けて、こう自分に問いかけ続けなくてはならない。「この真実を踏まえて考えると、人生のどこがゆがんでいるだろうか、矯正するには何をすればいいだろうか」

そのためにはまず、問題を明らかにする必要があるかもしれない。これまで目を背けてきた部分をどうにかしなければ解決できない、現実的な本当の問題だ。

この本の言葉と自分の人生を比べているうちに、心がかき乱されて落ち着かない気持ちになることもあるだろう。だが最後までがんばれば、予測可能な感情や思考、状況に翻弄されるジェットコースターのような人生から脱却できる。力強い人生を送るには、日々なんとなく行っている反応の外に息づくものを、手に入れなくてはならない。そういう、**周囲から独立し、それでいて信頼の置ける、立ち返れる場所が知恵だ。**

本物の長続きする知恵は、必要なときに立ち現れる。その他の知恵から分離して、あなたを新しい方向へ導き、あなたという存在の核となる部分で生き続ける。人生に深みと意義と品位をもたらす。**あなたは学んだ内容をただ「知る」だけでなく、学んだ内容に自分が「なる」ことができる。**そうすると、インスタグラムのストーリーに高級車やキラキラした新しい時計の写真を載せ、不安に絆創膏を貼る必要はもうなくなる。

ほかの人とは違った考え方が身につくから、よくあるトラブルに悩まされることはもうなくなる。何しろ、道具箱にはすぐに使えるツールが満載されている。それを使って人生を築いていくこともできる。

3章以降の本質的な部分へ踏み込む章では、私の言葉をじっくり検討してほしい。じっくり検討するとは、わかりやすく言えば、その考えと「たわむれる」ことだ。**固定化した意見を持たず、定義を決めず、決断を下さずに、ただその考えを心の中で熟成させる。その考えと一緒に過ごし、再訪して、声を聞く。**あなたはその言葉について、どういう意味か、どういう意味でないかを考え、さらには疑問も投げかける。

自分の過去を振り返って私の言葉と照らし合わせたり、現状と比較しながら読んだ内容を深めたりする場合もあるだろう。いずれにせよ、自分にとって現実味のある話にしてほしい。人生は単なる抽象概念なんかじゃないんだから、そういう捉え方はやめよう。

これは**賢くなるための取り組み**だという点を忘れないでほしい。

何かと比較して判断しない

ここで、忘れてはならない大事なことを伝えておきたい。それは、私が賢くなるほど、私の言葉に過剰に反応する人が増えていることだ。それ自体は構わない。最近の私は、誰かの意見を否定するよりも、黙ってうなずくことのほうがはるかに多くなっている。

例を出そう。

私のオンラインでの活動、特にインスタグラム（@garyjohnbishop）の投稿を追っている人なら、私が一風変わった引用が大好きなことは知っているはずだ。私はほぼ毎日、フォロワーの目を覚まそうと、脳を刺激する言葉を書き込んでいる。ところが何か投稿をすると、ほぼ瞬時に猛烈な反応が巻き起こる。

納得いかない人や怒る人、聖人ぶる人、わけがわからなくて罵り言葉《ののし》をぶつけてくる人が現れるのだ。意味を説明してほしい、少なくとも言い方ぐらいは整理して、攻撃的だったり、冷淡だったり、軽薄だったりに見えないようにしてほしいという人もいる。

そういう人たちが私をフォローしている。

なぜなのか。ひとつの原因は、全体的に挑発的な私の言葉遣いだろう。私の言葉にはしゃくに障るもの、場合によっては痛みを与えるものがある。私には相手が逃げられないようなこと、相手を箱に閉じ込めて思考を強いるようなことを言いたがる癖がある。読んだ人の気分をよくするようなことを言うつもりは一切ない。私は相手の無関心やあきらめを激しく揺さぶるようなものを生み出している。

もっともこれは、理由のほんの一部でしかない。

何より大きいのは、フォロワーがそうした言葉と向き合う際の心の持ちようだ。**人は物事を判断するとき、何かと比較したがる。**周囲を眺めるときは、たいてい納得のいくものといかないものとを探すものだ。あなたもそう。私の言葉に納得できないとあなたが思っているなら、それがいい証拠で、あなたはそうやって、自分のこれまでの考え方や知識、信念に沿った「なじみのもの」を探して生きている。

そして、次の瞬間には比較を始める。自覚はなくとも、何が受け入れられて、何が受け入れられないかを決めたい欲求は、決して満たされない飢えのように心の中に巣くっている。政治があれほどの扱いにくい猛獣であり、家族関係に破綻をもたらし、愛情がいずれ壊れてしまうのはそれが理由だ。これは何も目新しい考え方ではなく、人間のよく知られた特徴的な性質だ。だからこそ、人間にまつわる多くの物事がそうであるように、**比較は絶対にいい結果を生まない。**敵と味方を分けたい欲求は、友情や恋人との関係や、愛情をどんどん破壊する。比較のあとに、「どちらが正しいか」という難攻不落の壁が待ち構えていた場合は特にそうだ。あなたも身に覚えがあるのではないだろうか。

何かを見聞きした人間は、それが自分に合ったものや気に入ったものだった場合はそのままやり過ごす一方、心に深く根ざした真実や信念と激しく対立するものだと、納得いかないと声を上げたいという、抗いがたい欲求を抱く。放置などしたら、現実や安全にまつわる心地よい小さな幻想が脅かされるからだ。

この本を通じて、私はあなたに、自分のこれまでの行動を振り返ってよく考えることを求めていく。あなたが言い訳で塗り固めてきたものに疑問を突きつけ、居心地の悪いちょっとしたピンチに追い込む。これまであまり考えてこなかった、場合によっては意図的に無視してきた過酷な現実と向き合う必要も出てくるだろう。

あなたが新しく生まれ変わることで引っかきまわされるのは周囲だけじゃない。おそらくあなた自身もめちゃくちゃになるだろう。

だからこの本を読む際は、ページをめくった先にそういう体験が待っていることを覚悟してほしい。

新しい物事に人が怒りを募らせるのは当然だ。新しいことは脅威になる。知恵が育まれるにつれ、あなたは他者の幻想を脅かす存在になる。それで構わない。責任感と思いやりをもってそのまま進もう。人は誰しも、自分なりの形とタイミングで成長していかなくてはならない。**他人と立ち位置が違うからといって、他人より優れた人間になれないとか、先へ行けないとか、上回れないとかいうわけじゃない。**これはレースでも、悟りのピラミッドを建造することでもないのだ。

あなたは今その場所にいて、他者は他者なりの場所にいる。それだけの話だ。あなたが自分を新たな視点で自覚し、悟り、理解した事実に、周囲がいつ折り合いをつけられるようになるかは人それぞれだ。だから深呼吸をして待とう。あなたと同じように、周囲もきっとそうした理解へたどり着ける。たどり着けなかったとしても、悟りを得たあなたはそんなことを気に留める必要はない。

だから、誰も損はしないはずだ。

意味ある人生を送るために

章の最後に、本当の意味でとんでもなく賢い人生とはどういうものかを伝えておこう。賢く生きるというのはもちろん、毎日、毎週、毎月の状況、つまりは苦境をどう乗り越えるかということだ。その生き方は、何かを台無しにすることなく、あなたが思うよりずっと大きな人生——あなたの存在と生き方が世界にとって意味を持つ人生——を送るということでもある。

知恵が見つかれば、面倒な物事は次第に整理されていくが、面倒な部分を自分で片付ける必要も出てくる。もちろん、たいていは面倒な作業だ。

それでも、知恵が真実を教えてくれるのは間違いない。そして真実を使ってどう動くかが、人生最大のターニングポイントになる。

この本を使って人生を変えたいなら、少なくとも本の読み方、使い方を変えなくてはならない。そうすれば、読み終わるころには本物の知恵が手に入るだろう。

本物の知恵があれば、それを土台に教訓を得て、人生という名の木を自分が伸ばしたい方向へ雄大に育てていける。自分にはどうしようもないように思える周囲の状況や、その場その場の感情、運命の気まぐれにつまらない反応を返すだけの人生から抜け出せる。

知恵は人を成熟させる。新しい視点をもたらし、人生の泥沼をわたる道を切り開く。

心の平穏が必要な瞬間は、人生で幾度となく訪れる。がっくりくる出来事や失敗、親友の死などは、どんなに望まなくともほぼ必ず経験する。できっこないと言われて、心のどこかでその言葉を受け入れたくなるときもある。屈辱感やパニック、罪悪感に襲われて心を閉ざしたくなる瞬間、未知の物事への恐怖に呑み込まれそうになる瞬間も訪れる。そうやって人は先延ばしの海に溺れ、「やるつもり」とか「条件が整ったら」とか言っているうちに人生の歩みは鈍り、やがては不快な音を立ててストップする。

それでも、心づもりができていようがいまいが、人生のショーは続けていかなくてはならない。

自覚のあるなしにかかわらず、人は意味ある人生を送るために生きている。だから、ほったらかしにしておくのはあまりにもったいない。あなたは奇跡の存在なのだ。

少しは興味が湧いただろうか。オーケー、じゃあそのあたりを突き詰めていくとしよう。

第2章

役に立たない知恵

うまくいっていない人生を
「心地よく思う」ことがあっては
いけない。
それは停滞だ。
あなたはそんなところに
収まる器じゃない。

傷口に絆創膏を貼るような「知恵」とはおさらばしよう

この世には、非常によくない知恵が数多くある。簡単に取り入れやすく、表面的には筋が通っているが、実際には見た目ほど役に立たないもの。私たちはそういうお決まりのフレーズを友人から聞き、グリーティングカードやインスピレーションを掻きたてるポスターでも目にして、自分を励まそうとする。ＳＮＳにも役立たずの知恵はあふれている。人生の苦境をときに詩的に、ときにロマンティックに説明したインターネットミームはそこかしこで見つかる。

そういうものは一瞬気持ちを楽にしても、心の炎に火をつけ、生まれ変わるきっかけにはならない。というより、あなたを肥だめの中へさらに深く沈める。例を出そう。

「あなたにふさわしいものが、きっといつか訪れるから」。

違う、そんなはずはない。人間は列車の駅じゃないんだから、自分で動かないといけない。

「自分を信じろ」。

それじゃあ、信じられなかったらお先真っ暗なのか。行動すればいいだけじゃないのか。

「まわりをポジティブな人間で固めなさい」。

へえ……だけどその「ポジティブな連中」があなたをイヤなやつだと考えていて、関わり合いになりたくないと思っていたら？　ああ、なるほど、そういうときはとにかくしばらくつるんでポジティブさを吸収し、空っぽになったら別の連中を見つけてまたカラカラになるまで吸い尽くすわけだ。

「自分でそうなりたいと思えば、そういう人間になれる」。

惜しい。ちょっと違う。思うだけで行動しなかったら、思ったような人間には決してなれない。私も子犬のことをずっと考えてるけど、今のところ尻尾が生えてくる気配はない。

「幸せなことを考えれば、幸せな人生が訪れる」。

うーん……そうかもしれないが、じゃあものすごく気分が落ち込んでいたり、親しい誰かが死んだり、クビになったり、家が強盗に入られたりしたときはどうすればいいんだろう。そうか、そういうときでも自分を奮い立たせなきゃいけないんだ。ふーん、そうかい。

……どうだろうか？　こう思う人もいるだろう。「だからなんだっていうのさ。気分が楽になるんだから、それでいいじゃないか」と。

いや、いいわけない。

ネット上のポジティブワードのほとんどは、一時的な安心と気持ちよさをもたらし、変わろうという気を萎えさせる。そしてたいてい、今のままでいいんだと思わせる。このままでいいんだろうかと不安を抱えている人にもだ。しかし、**気持ちを楽にするだけじゃなんにもならない**。うまくいっていない人生を「心地よく思う」ことがあってはならない。それは停滞だ。先ほどのポジティブワードが陳腐に思えたなら、それはそのとおりだ。あなたはそんなところに収まる器じゃない。

私たちは今、長続きする本物の変化を人生にもたらそうとしている。だからこそ真の知恵を掘り起こし、それを常に指針にしながら決断し、行動することがとても大切になる。

このあと愛情と喪失、成功と失敗を扱う章に入ったら、本当の深みと力強い意義を持ったフレーズと言葉を学び、薄っぺらでへなちょこな「役立たずの知恵」タイプのフレーズと置き換えてほしい。**両者の違いは、歯止めをかける力だ。**あなたは今までの思い込みについて考え、疑問を投げかけ、異議を唱えなくてはならない。

私の本『**あなたはあなたが使っている言葉でできている**』を読んだ人なら、同じエクササイズに取り組んだことを憶えているかもしれない。私たちは頭の中で繰り返し流れる台本に待ったをかけ、新しい真実をひねり出した。新しい知恵と言ってもいいかもしれない。

役立たずの知恵も善意から生まれる。家族や友人のアドバイスはどうなんだ、と思う人もいるだろうが、「あれをやれ」「これをしろ」はアドバイスではあっても知恵じゃない。アドバイスは、自分でがんばって考えてはみたけれど、万策尽きたときに「どうしたらいいだろう」と求めるものだ。しかもアドバイスは、少なくとも失敗した場合の言い訳に使えてしまう。

アドバイスがほしくてたまらない本当の理由は、自分の苦境を人に話したいという欲求にある。自分がどれだけがんばってきたかを話して、相手に自分の行動の「正しさ」を認めてもらいたいのだ。つまり、実際にはアドバイスなんて求めておらず、ほとんどの場合、求めているのは優しい承認でしかない。

オーケー、一息入れよう。あなたの頭には「うん、でも……」という声が響いているかもしれないが、ひとつアドバイスさせてもらいたい。**この本を通じて自分の中の新しい何かを目覚めさせたいなら、「うん、でも……」の抗いがたい誘惑を断ち切らなくてはならない。**こういう本を読みながら「うん、でも……」の一言を差し挟み、つらいことになんとか取り組まずにすませようとする人は多い。そしてたいてい、成長の機会をそっくりふいにするには、「うん、でも……」のあとにたったひとつ理由が続けばじゅうぶんだ。だけどあなたには、この本をきっかけに成長してもらいたい。辛抱強く私についてきて、人生に必要な場所を一緒に発見してほしい。

なんとなく役立ちそうな知恵を提示して、それでお金を稼ごうとか、「いいね」や承認をもらおうとか、自分自身の最悪な状況から目を背けようとかする人もいる（その多くは善意から始まっている）。なるほど、おしゃれなフォントの言葉に、かすみがかった滝の写真やこれみよがしな夕陽の写真を添えて投稿し、1杯5ドルのコーヒーを飲んでいるうちは、それも可能なんだろう。

残念ながら、こういうやり方は自己啓発（うへぇ！）の世界に広く浸透している。それこそ山のようなポジティブシンキング系の本や団体、ワークショップ、講座、記事、プラン、サミットが役立たずの知恵を垂れ流し、読んだ人や参加者を戦略的に自分たちの手法のとりこにして、それでいて本物の変化は起こしていない。役立たずの知恵は、たとえ善意から発生したものでも、やっぱり役立たずの知恵なのだ。

この本がまさに自己啓発のコーナーに置かれるタイプで、自分がそういう作品を書いているのはちゃんと自覚している。それでも、この本は問題に「絆創膏」を貼るだけでは終わらない。ここでは、あなたの人生の現状と、新たなスタートを切るための方法にきちんと取り組む。新しい人生には原則とアイデア、つまりは知恵という確かな土台が必要だ。

結果を変えるには、視点を変えるしかない

この本を書いていて難しかったのは、「本当にあなたのためになる」内容をどう提示するかだった。人生を通じて通用する知恵、必要なときに使える一生の洞察を手に入れるには、じっくり時間をかけてその知恵と一緒に過ごさなくてはならない。そうすれば、新たな視点や、今までとはまったく別の人生観が見つかる。

もの見方がわかれば、もう見て見ぬふりはできなくなる。後戻りは不可能だ。知恵は人生観だけでなく、生き方も変える。そして新しい理解のもと、新しい真実を手に人生と向き合えば、実際に人生は変わる。母親との仲を修復し、仕事場のギスギスした空気を解消し、ほったらかしだった執筆作業に取り組める。

実際のところ、失敗や恐怖、愛情、成功の見方を変えるのはそんなに難しくない。頭の中で始まるプロセスだからだ。本当に大変な過程は、社会の寒風の中に踏み出し、人生を舗装して、新しい視点で人間関係や仕事、夢に取り組み出したときに始まる。これまでのアプローチが通用しないその場所は、あなたにとっては見知らぬ土地だから、特に最初は確信をもって軽快に動きまわるなんてできるはずもない。

同じ景色でも、別の視点で見わたせばまったく違って見える。

人が**人生で同じ問題に行き当たりがちなのは、いつも同じ視点で物事に取り組んでいるからだ。**その視点で問題を解決することにこだわるあまり、忍者のように視点を移動させる力が自分にあることを忘れてしまう。それでも人は、新しい場所に立ってそこから人生を見わたし、動かすことができる。

こう考えてほしい、あなたは丘の上に立って峡谷を見下ろしている。遠くには小さな町が見える。あそこへ行きたいな。そう思ったあなたは、わたらなくてはならない川や、越えなければならない分厚い泥に覆われた原野、踏破しなくてはならない暗い森などを目にする。しかも途中では、想像しうる限りの障害や回り道、条件も数限りなく待ち構えているはずだ。

あなたは心の中で道のりを思い描き、解決策を模索する。同じような場所を歩いた記憶を呼び覚ます人もいれば、父親のアドバイス、本で読んだコツを思い出す人もいるだろう。

「うわあ……これはえらく大変だぞ」

さらに、自分がこれまでに蓄えた知識や心構え、強み、能力と限界、身につけているもの、持っていないものといった情報も加えると、あなたは1日「オフ」を取り、たどり着ける確信を得てから出発したいという、飢えや渇きにも似た気持ちを抱く。やり遂げられるのか、そもそも足を踏み出すべきなのかを思い直す人もいるかもしれない。行ってどうなる？　ちっぽけな町じゃないか。それが町の難しい部分で、町はいつだってたどり着くのが難しい。もしかして、行って得られるものよりも、向かう苦労のほうが大きいんじゃないか？

こうして文章で読む分には、ばかげた結論に思うかもしれない。だけど、これこそがあなたのこれまでの生き方なのだ。同じ場所から同じものを見つめ、いつかよくなると願いながら、ときどき誰かのアドバイスや知恵を適当に取り入れ、実際にはどこへも向かわず、ずっと願ってばかりいる。そういうことだ。**今いる場所に突っ立っていたら、視点は同じままで、アイデアも、解決策も、問題も障害も何も変わらない。**あなたをこのパターンに押し込めているのは、立ち向かおうとしている目標ではなく視点のほうだ。

自分の見方に嫌気が差したという人だって、これまではその人生観にちょっとした心地よさを覚えながら、自分という存在を成立させ、友人を作り、人生をなんとか形にし、どうにかこうにかその小さな丘の上までのぼってきたのだ。そして、その視点を抱いたまま死んでいく。視点はやがてすべてになり、目に見えなくなる。再び認識するには異議を唱えなくちゃならない。それをここでやってもらいたい。

こうあるべきだという自分のものの見方に異議を唱えること。存在の金槌を手に取って「聖域」を打ち壊し、別の視点という不確実さや不安に身をさらすこと。新しい視点のど真ん中には、聞いたことのない、目を背けてきたものがある。それを使えば人生の新しい見方を作れる。これまで見たことも、考えたこともなかった通路や道路、経路が開ける。

私たちは今、そういう根本的な部分に取り組むための出発点にいる。オープンな心を保ち、変わりたいという決意を持ってほしい。これから深く潜っていく中で、きっとそのふたつが必要になるはずだ。

愛情、喪失、成功、失敗「人生の根本」に対する知恵を手に入れよう

私がこの本で特に気に入っているのは、自分にとっても、ふだんあまり著書で取りあげない話題を掘り下げる機会になった点だ。モチベーションや金銭、家、「もの」の追求にエネルギーを注ぐのはたやすいが、「人生のハードル」に力強く取り組むのはとても難しい（加えて、正直に言えばあまり楽しくない）。悲劇や不幸、盗みの被害、スキャンダル、いろんなトラブルといったものは、どんな人にも起こりうる。そんなものに対しては、心の準備はもちろん、立て直しの用意をしたい人はいないはずだ。

それでも、私は希望的観測という名のリスクは犯したくない。絶対に。

そんなわけで、この本は私が「人生の根本」と呼ぶものに従って章立てした。根本とは、人間なら誰もが直面しなければならない基本の物事のことで、具体的には人生のかじを失う**喪失**と、複雑な**愛情**、そして**成功**と**失敗**という神経とエネルギーのすり減る地雷原を指す。この四つに取り組むと、自分自身の状態や周囲の状況を掌握できるようになる。どれ

も幅広い話題だが、そこに息づく知恵は深遠かつ有用だ。

世の中には、人生を区分けして整理しようとする人がいる。私生活と仕事を切り離す、友だち付き合いと家族作りを分けるというように、これとあれとを別々に考えるやり方だ。しかし、そんなのはどれも役に立たない。区分けしたところで、どれもあなた自身であることに変わりはないのだから。私はこれまで、「**自分の人生は、××を除けば順調だ**」と口にする人に数限りなく出会ってきた。そういう人は、このセリフに続けて自分の短所やうまくいっていない家族生活、キャリア、壊れた人間関係や友情、失敗した事業の痕跡を説明し、そこさえ修正できれば最高の人生になると主張する。だけど違う。その「人生」は順調なんかじゃないんだから、自分をだまし、ハードルを下げるのはやめるべきだ。

ある状況でだけ、自分であることのスイッチを切り、次へ進むなんてできっこない。人生のある部分でしか本当の、完全な自分としての自由を感じられなくても、あなたは常にあなただ。自分でなくなることは絶対にできない。一番自由なエリアでは最高の幸せを感じ、一番自由が利かないエリアでは力を失ったように感じる。しかし、たったひとつだとしても、その無力なエリアからのプレッシャーは本人も気づかないうちに人生全体へ波及する。「全部だなんて……」と言ってごまかしちゃいけない。そこはオールオアナッシングだ。逆に言うなら、じゅうぶんな知恵を持って、人生がときどき軌道を外れそうになった際に修正できるようになれば、すべてを思いどおりに進められる。

この言葉を聞いて、自由が利かずまったくもって思いどおりにならない、「そういうものさ」と言って力なく受け入れている人生のエリアと、それに伴う問題が頭に浮かんだ人もいるかもしれない。しかしその考えは間違いだ。**あなたはすべてを手に入れられるし、妥協していいものなんてひとつもありはしない。**

人生の根本を扱うここからの各章では、自分自身を探索する道のりの出発点になるフレーズもいくつか紹介する。ちょっとしたコツも教えるので、読み飛ばさないでほしい。ひとつひとつの言葉に腰を据えて向き合い、必要ならメモを取り、自分なりに疑問や考えがあればマーカーを使い、傍線を引くのもいいかもしれない。時間をかけ、そして何より、異議を唱える不愉快さに身を置いてほしい。

読み進める中では、それぞれのフレーズに納得したい、逆に文句を言いたいと思うタイミングも間違いなくあるだろうが、そうした気持ちはいったん脇へ置き、アイデアとじゅうぶん時間をかけてたわむれ、点を線にしてほしい。私が話す内容とまったく逆の状況に直面している人も多いだろう。そんなときは、私の言葉とバッティングしているのは状況ではなく、現状を乗り切るために使おうとしてきた「知恵」のほうだと思ってほしい。愛とはこういうものだ、ああいうものだという信念のもとに生きている人が、その人生の土台と正反対の私の言葉と出合えば、ぶつかるのは当然だ。そうやって私は、あなたを張り詰めた状態にする。変化という優れた現象はそこから生まれる。

人生とは、これまで「真実」だと信じてきた見方や考えの積み重ねだから、その同じ人生を別の原則を使って見れば、衝突が起こるのは仕方がない。というより、衝突を起こすことこそが私たちの目標だ。

フレーズの中には、なじみのあるものも、「**もう知ってるよ**」と思うものもあるだろうが、間違っちゃいけない。これは「知識」の先の知恵や洞察の世界へ進むチャンスなのだ。私自身、自分が「知ってる」と思うものをよく考えた結果、まったく別の発見があるという経験をこれまでに何度もしている。**人生が新たなステージへ進むなかでは、時代遅れに思える考えを分析し直し、今の視点で新しい知恵を手に入れることが大切**になる。

「もう知ってるよ」の傲慢さは、とりわけ聡明な人にも忍び寄り、心を捕らえる。なすべなく屈服したり、心がマヒして無関心になったりさえしない。少し前、「近いうちにあなたは死ぬ」と投稿したところ、何人かがぼんやりとした葛藤を口にし、ある人は「前にも聞いたよ」と言って一蹴した。

人生が終わるっていうのに、「前にも聞いた?」そこまで人生にうんざりしてるっていうのか?

私は死を真剣に捉えている。それが死に対するふさわしい向き合い方というものだ。自分はいずれ死ぬという考えは、私の目を覚ましてくれる、いつだって。**もしあなたが、なかなか変わらない現状に対して、何も感じなくなっているとしたら、目を覚ましてほしい。**あなたは今、居眠り運転をしている。

だから、この本を気分が落ち込んだときのワークブックや参考書として、あるいは洞察やクリアーな思考をもたらし、足元をしっかりさせるものとして使ってほしい。頼りになる知恵として使い、いつもそばに置いてほしい。鞄の中に入れ、机やキッチン、ベッドの横など、本当に必要なときにはすぐ手に取れる場所へ置いてほしい。ただ読むだけでなく、研究して吸収し、情報を増やし、自分の幅を広げてほしい。そうした行間を読むプロセスから、あなた独自の知恵が生まれるはずだ。

この本は真の自分を育み、展望を広げるものだ。人生を力強く、堂々とわたっていく人間になるチャンスをもたらすものだ。だけど、ここで少し残念なお知らせをしなくてはならない。私のほかの作品と同じように、あなたはここで何かを見つけ、それによって今の人生を見つめ直す必要に迫られるだろう。難しい大きな変化を強いられる可能性もある。怖気づくな。逃げるな。さあ、踏み出そう。あなたならできる。

私が何かを求めるのは、すべて「あなたの人生を変えるためだ」ということを忘れないでほしい。また私は、自分のアイデアをほとんどの人が買える値段で提供することも心がけている。大枚をはたける人だけが真の自己啓発を実現できた時代は、もう終わったと個人的には思っている。私がここで言うことを応用すれば、人生は変わる。もし、あなたが自己啓発中毒で、いろいろ「努力」してきたにもかかわらずほとんど結果が出ていなくても、今回ばかりは言い訳無用だ。この本を「読んだけど効かなかった」書籍の棚に置くのはやめてほしい。

この本は、内容がゆっくりと腑に落ち、考え方が染み込む仕掛けになっている。だから行間を読み、それぞれの要素と格闘し、自分の声を聞く必要がある。**自分自身の状況や、問題、ドラマに引きつけて考え、私の言葉に浸り、生じたものに耳を傾けてほしい。すばらしい何かを考え、生み出す力が自分の中に眠っていたことに驚くはずだ。**

以上を念頭に置きながら、第一の人生の根本に取りかかろう。

それは「愛情」だ。

いろいろな意見や姿勢、ときには神秘もある非常に大きなテーマだが、同時に間違いなく、誰もがちょっとした知恵を活用できる部分でもある。

オーケー、じゃあ始めるとしよう。

第3章

愛情のための知恵

長続きする力強い愛情とは、
相手の長所だけではなく、
すべてを愛することを
意識的に選び取る行為を指す。

愛情にシートベルトは必要？

さて、「愛情」なんていうものにいったいどう向き合ったらいいんだろうか。

愛情は、人間らしさの大きな要素で、いろいろな感情がないまぜになったわけのわからないものに思える。胸が燃えるような生き生きとした感覚、自尊心、信頼と不信、失意、不安、高揚感、刺激的な興奮、体の内側をのぞかれる心細さ、場合によっては怒り、人間的な深いつながり。そうした感情の無作為なジェットコースターだ。

「愛は何ものにも勝る」というなんとも幸せな態度を取る人もいれば、愛にすっかり絶望し、感情がマヒしている人もいる。そのあいだのどこかで、どちらかの領域に片足だけ突っ込んでいる人もいる。

こうしたドラマと感情のごった煮に対してこそ、「知恵」が大きな差を生み出しやすい。

では、人生のこれだけ重要な要素がなぜつかみづらく、ときに手が届かないのだろう？

愛情は人生の根本のひとつで、喜びと苛立ち、生き生きとした感覚と破壊の両方をもたらす。人によって捉え方がさまざまで、インチキめいた手法がはびこっているテーマでもある。たとえば、よく聞く「一目惚れ」は一般的な表現であると同時に、いつも議論の的になる。

ロマンティックな人たちは、一目惚れは確かにあるし、「運命の相手」は一目見て声を聞けばわかると言い張る。その瞬間、どこか遠くの特別な天使とつながり、心は天に昇り、頭がくらくらし始めると。雲の切れ間から光の筋が差してきて、ハトの群れが飛び立つなか、運命の相手が魔法の愛の霧の向こうから姿を現して、自分の腕の中に飛び込み、宇宙が衝突し、星々が一列に並ぶ。そしてふたりは手を取り合って、愛のかごの中へ悠々と飛び込み、巨大な恍惚の気球の下で優雅に舞い、そして無限の成層圏へと昇っていく。

とかなんとか。

ところがそのあと、暗い1日がやってきて、あなたはその愛のかごから悲惨にも真っ逆さまに落ち、絶望的なスピードで地面へ叩きつけられる。

それでおしまいだ。

だからこそ英語圏には「恋から落ちる（恋が冷める）」なんていう表現がある。落ちたら痛いのは当たり前だ。

だとすれば、愛のシートベルトを締める、少なくともパラシュートを用意しておくほうが賢明なんじゃないだろうか（というより、愛情とはそういうものじゃないんだろうか）。

その一方で、こういったポジティブ思考の数々をくだらないと考える斜に構えた人たちもいる。彼らは一目惚れなんてものはなく、愛情はかごからスタートなんかしないし、パラシュートも無意味だと主張する。

信じる信じないは別として、愛情が存在するか、少なくとも人間が愛情と認識できるものが存在するかに疑問を持つ人もいる。そうした人にとって、愛情とはニューロンのつながりという脳の機能や、道に迷った人が「このまま進めば新たな地平が開けるかもしれない」という感覚を追っているときのような体の反応でしかない。

だけど正直、「ねえ、いま古いニューロンが連続で活性化してるんだ。だから結婚すべきじゃないかな」というセリフにキュンとする人はいないはずだ。

あなたにとっての「愛」とは？

ロマンティックな捉え方をするにせよ、論理的な捉え方をするにせよ、ほとんどの人にとって、愛情というのは霧のようなつかみどころのないものだ。なんらかの場面や出来事の記憶、自分の中の理想がないまぜになった、感情と行動のごった煮だ。

これでは、思考をクリアーにして本当のパワーを手に入れるのは難しい。

恋人への愛情に、家族愛、友人や動物への愛情、人類愛、特定の状況に対する愛情など、愛にもいろいろあるが、ここではそのすべてを愛情と呼ぶ。つまり「**愛情**」**とは、あなた自身が愛をどう捉えているかを指す**。自己表現の仕方や、自分のコントロール方法。愛を利用して他人に罪悪感を抱かせ、支配するのか。それとも他人を押しのけてでも自分の道を突き進み、答えのない疑問への答えをくれるはずの「運命の相手」を探すのか。

今ここで、自分にとっての愛とは何かを考えてほしい。誰かの行動や、他人が生み出した考え方としての愛情じゃない、自分なりの愛を、だ。自分は今どんな状況にあるか、友人をどう愛しているか（あるいは愛していないか）、母親やパートナー、猫、子どもをどう愛しているか。もちろん、中には愛情を表現なんかしない、恨みや憎しみに完全に囚われて、誰かを愛するなんて思いもよらない人もいるだろう。

「相手のすべてを愛する」という選択

愛の問題は、その瞬間に脳内物質が大量に分泌されて現実をねじ曲げ、いろいろなことを見えなくさせる点にある。恋の場合、どっぷり浸かった段階になってようやく現実が見えてくるケースも珍しくない。自分をあれほどうっとりさせた人物や状況に対して、時間がたつと頭がおかしくなりそうな不快感を抱くこともある。ドーパミンはどこかへ消えてしまい、あきらめと疑い、かすかな恨みの色が日々の会話ににじむようになる。

そこまでいくと、人はむっつりと不機嫌になり、築きあげたものをあっさり壊しだす。もちろん、どんなことでもそうだが始まりはすべて頭の中だ。あちこちで疑念が首をもたげ、暗い思考がどんどん積み重なる。さまざまな面で、愛情はこうした方向へ向かいやすい。両親や友人、我が子に対する愛であってもだ。

それでも、心からの本物の愛とは、その人の一番いい部分だけを認めることじゃない。

見た目が美しく、親しみやすい性格で、頭のいい人を認めることは、ほんの少しの思いやりや良識があればできる。そんなのは楽勝だ。

そうではなくて、**長続きする力強い愛情とは、相手の長所だけではなく、すべてを愛することを意識的に選び取る行為**を指す。認められる部分、納得できる部分に限らないすべてをだ。しかも、そうしたくない、つながりを断ち切りたい、裏切りたいと思っているときにこそ愛する必要がある。裏切るというのは何も浮気に限った話じゃなく、自分自身から逃げ出す行為も裏切りにあたる。

体はそこにあっても、心が離れていたら、それは裏切りになる。

もう少し掘り下げて考えると、裏切っているのは相手じゃなく、自分で宣言した自分のあり方であることがわかるはずだ。そうやって、人は自分を裏切る。しかも**裏切りという行為自体よりもっとまずいのは、裏切っていないふりをしていること**で、それが心に大きなダメージを与える。どんな理由や言い訳があるにせよ、ごまかし続けているのは自分自身だし、どんなに都合がよかろうと、イヤなことがあるたびに言い訳をしてちゃいけない。

それを続けていると、人生はごまかしの連続になる。

だからこそ、誰かを本当の意味で愛するには、相手のすべてを愛し、その人自身や個性をいいところも悪いところもひっくるめて、まるごと愛することを選ぶ必要がある。

愛とは本質的に無条件なはずだ。ここで言う無条件とは、愛する以外の選択肢を持たないことを指す。すべてを包みながら流れゆく、抵抗できないもの。**無償の愛こそが、この世に存在する唯一の愛**だ。「条件付きの愛」なんてことを言う人もいるが、それは愛ではなく別の現象でしかない。ためらいや計算、判断といったものは、心の底からの愛情表現を邪魔する障害だ。そんなものは愛情じゃなく、単なる作戦でしかない。そんなことはないという声が聞こえてきそうだが、反論は認めない。

愛は誰かを傷つけない。愛情は本当にすばらしいものだ。逆に、**失意は人を傷つける。**期待をするほど、人は少しずつその落とし穴に近づいていく。

愛のある人生に腹を立てる人はいないが、手に入ると思っていたはずの愛が手に入らないと人生に怒りだす。そのとき人は、自分を今の状況の外側に置き、観察しながら判断する。それまでのように状況の内側で生きることはもうできず、愛に手が届かない。愛の重みを相手に押しつけ、相手を外から見つめている。

逆に、相手をつま先まで愛しているとき、条件なんてものは頭の片隅にもないはずだ。

とはいえ、勘違いしないでほしい。私は、一度愛した人は何があってもずっと愛し続けろ、発言や行動にまったく納得できなくても、のみ込んで生きろと言ってるわけじゃない。

ふたりの人間が一緒になれば、不健全で危険な結末にたどり着くことは当然ありえる。そして、自分がそういう状況に陥っていると気づいたなら、永遠に愛し続ける必要はない。


愛は一瞬の中に存在する。今という瞬間の中に。愛は常に現在形だ。本物の無条件の愛の中にいるからといって、ほかのすべてを無条件に許す必要はない。相手を愛しつつ、意見に反対したっていい。だけど関係に暗い影を落とすまで、相手を否定するのはダメだ。そこまでいくと、自己正当化や恨み、怒り、苛立ちといったものが周囲を覆い、念のためにと、旅立ちの荷物をまとめた心のスーツケースを手元に置くようになる。

そうやって、傍目《はため》にはなんでもないふりをしながら、「逃げ出す」瞬間を夢想する日々を送るようになる。最悪なのは、まるで今という瞬間を想像上のお試し期間であるかのように生き、心ではまったく別の新しい道を考えながら、関係を続ける人が多いことだ。

そして10年後か10日後、相手にどうしてもがまんできない瞬間がやってくる。もうその相手を選びたくないと思う、場合によっては憎む瞬間がやってくる。だまされたり盗まれたりした、あるいは相手が悪い癖を全然直さないという人もいるだろう。相手の人生があなたにとって納得のいかない方向へそれつつある状況だ。

あなたはそれが気に入らない。

そういうときは、自分の拒絶反応をコントロールしなくちゃならない。誰かのせいにしたり、けんかをしたりはもうやめにして、新しいアプローチを取ろう。**関係を終わりにしたいなら、相手がどんな反応を示そうと、出会ったころのような相手への思いやりと、自分への誇りをもって去ろう。**それが品位ある人間の行動だ。尊厳を損なうことは、大きな危険を伴う。

「いや、でも……」と思う人は、どうぞ、自分なりの方法でご自由に。

とはいえ今肝心なのは、**自分がまるごと愛せる人、長所も短所も含めて愛せる人こそ、真に愛すべき人間だ**ということだ。それこそが完全な愛情だ。

あなたが愛することを阻んでいるのは何?

愛することは苦しむことであり、そうでなければ愛はありえない。

――フョードル・ドストエフスキー

ドストエフスキーのこの言葉は、目にした瞬間は残酷なものに思えるが、彼が愛をどれだけ大事にしていたかを理解すれば、完璧に筋が通ったものだとわかる。愛は命に関わる、人間に必要不可欠なものであって、おとぎ話じゃない。相手が伴侶でも、両親でも、変わり者のおばさんであっても、愛ある関係には長所と短所がある。

愛がなぜ命に関わるのか。それは、**人間は本質的に、愛以外の何ものでもない**からだ。愛こそが人間だ。人間のすべてだ。

「はあ?」と思った人もいるだろう。

だけど、すべてなのだ。愛こそが、人間のすべてなのだ。

こう言われて、ずっと前から知っている、あるいは最近会ったイヤな連中を思い浮かべた人もいるかもしれない。人間が愛情なら、どうして自分のアパートの管理人はあんなに意地の悪い、いけ好かない老人なんだと思った人もいるかもしれない。

なんで自分の父親はあんなにイヤなやつで、姉はあんなに意地悪なのか。上司はあんな最低野郎なのか。それは、ほとんどの人は愛すべき人間だが、中には本当にどうしようもないと感じる相手もいるからだ。特に、元恋人にはそう感じやすいのではないだろうか。

しかし、人間が愛なのは確かだ。生まれたばかりの赤ちゃんを見れば、そのことがよくわかる。ちっちゃな子どもは、ときに驚くような状況で愛を示す。そこに、愛情表現を邪魔するものは何もない。何ひとつたりとも。

ところが**年齢を重ね、成長するなかで、人生の別の要素や周囲の状況が愛を表すことを邪魔するようになり、愛情としての自分を表に出せなくなっていく。**

「邪悪」な人はどうだろう。まず、邪悪というのは本来使うべきじゃない人にも乱用されがちな言葉だ。ほとんどの場合、そういう使い方をすると状況は必要以上に悪化する。次に、これは見方の問題だ。人はみな同じ道からスタートするが、次第にその道をたどらなくなっていく人もいる。世の中には、道を外れて思考や行動、感情が不健全な方向へ向かっていき、やがて破滅的な暗い道に踏み込む人がいる。しかしいずれにせよ、そういう人は全体のほんの一部だから、あなた自身と、あなたの人生の苦境に話を戻そう。

言ったとおり、人はあらゆるタイプの愛情に対して不満を持ち、言い訳をし、作戦を立てる生き物だ。状況に呑み込まれて機嫌が悪くなれば、自分を正当化して誰がいい、悪いといった形勢を決めたくなる。そして状況を変え、流れを自分の望むほうへ持ってくるために、愛情をいったん引っ込めて武器として使う。そこにあるのは、支配したいという強い願望だ。自分が傷つけられたと感じているときは、特にその願望が強まる。

人間の頭の中には、実はずっと忘れられたままの決断がある。それは10代などの若いころ、ばかにされたり、傷つけられたり、否定されたりしたときに下した決断だ。その記憶が生き続けるなかで、当時下した決断は思考の裏側に沈み、今の行動までも規定する。失意や悲劇が知らず知らずのうちに積み重なって、やがては人生の道行きをねじ曲げ、自己表現の流れを阻害する。こうなると、人はもう本当の自分ではない、別バージョンの自分になる。外に対しては強気に構えていても、自分ではそんな自分が好きになれない。

ここで少し立ち止まり、自分にとっての愛の障害を考えてみてはどうだろうか。言い換えるなら、あなたはどんなストーリーを作りあげてきたか。自分が他人とのあいだに築いている壁は何か。そうした見方にどれくらいこだわり、どんな理由づけや言い訳をしているか。そうしたものが徐々に人生の重要な位置を占めていくと、人は本来の自分からかけ離れていく。私たちはみな人間で、自分なりの見方で人生を体験しなければならないが、そういうケチな見方にしがみついているうちに、人は他人と相容れなくなり、恨みをため込んでいく。

だけど、それはなぜだろう。正しいことだと思っているからだろうか。それとも、自分を守るためだろうか。

私はそうした卑小な自分にならないように気をつけていて、自分自身であること、自分の考えを持っているというパワーを他人に譲りわたしたりはしない。私は本当にすごい存在で、それはあなたもだ。まずはそんなふうに振る舞うところから始めてみよう。

私は、誰かが私に対して固定観念や勝手な思い込みを抱くのが嫌いだが、だからといって張り合ってこちらも同じことをしていたら、本当の自分を見失う。

まずは相手のすべてを受け入れなくては、どれだけ人生を賭けてがんばっても相手から受け入れられることもない。

だからこそ、私は頭の中で**他人のストーリーを作ったりはせず、思いやりを持って理解すること**を心がけている。私は誰かを判断できる立場にないし、まわりにも私を判断する権利はない。

他人が何をするかはその人の自由だ。私は自分の人生を送るので精いっぱいで、後退している時間も、他人を評価している時間もない。それでも、人に対する見方は次第に定まっていき、だんだん勢いを増して、ついていくのが少しずつ難しくなる。理解を試みよう。驚くようなことがわかるはずだ。

間違った愛情という点で、両極端なタイプの人間を紹介しよう。まず、愛情を経験したことがないせいか、すごく冷淡かつ孤独で、他人を傷つけてばかりいる人たち。そういう人は、なんとかして孤立した状態を維持しようと、「自分はこれで幸せなんだ」という言葉は「こっちのほうが安全だ」という思いの裏返しだ。冷たさの裏には、孤立感や無関心がもたらす安心感がある。だけど、彼らも生まれたときからそうだったわけじゃない。むしろその正反対だったはずだ。

逆に、愛情を求めるあまり、愛が強すぎたり、しつこすぎたりして、相手を窒息させそうになる人もいる。「自分が幸せなら、相手も幸せで、みんな幸せ。相手が幸せじゃなかったら、自分も幸せじゃない」という感じで、不安のあまり、いつも必死に愛を求めている。問題は、そういう人は愛が目の前にあっても、必死すぎて心に響かないことだ。「愛のない」状態から始まる人生に自分を捧げている人間が、愛を手に入れられるはずがない。

ここで、じっくり考えるべき思考の爆弾をひとつ投下しよう。**人間というのは、自然に停滞することは絶対にない。停滞するのは、自分が口にする言葉のせいだ。**人は自分で作り上げたストーリーや人生の説明に囚われて停滞し、その停滞感が人生の見方をさらに固め、いつもと同じ問題にいつもと同じ解決策で臨もうとするようになる。行き詰まるのは自分のせいじゃなく、会話のせいだ。

だから、人生に愛情が足りない苦しさを感じているなら、大切なのは愛を「見つける」ことじゃない。愛情は外に出て木から引っこ抜いたり、バーで飲む3杯のお酒から吸収したりできるものじゃない。もちろん、出会い系サイトに「出かけ」たり、今の恋人と別れて別の誰かに言い寄ったりして手に入るものでもない。

まずは**自分自身を見つめ直し、誰かを心から愛することを阻んでいるものを見つけ出そう。**全力で自分を表現し、自分をさらけ出す大人の生き方を学ぼう。それこそがスムーズな生き方というものだ。

このあと紹介するフレーズを使いながら、愛情に対する新しい理解を生み出そう。愛情の見方が変われば、使う言葉が変わり、語るストーリーも変わる。行動も変わる。新しく見つかった愛情との関係の中で、人間関係が育まれ、花開いていく過程を、そしてそれが大切なものをもたらす過程を楽しんでほしい。

他人の中に愛を探さず一緒に愛に「なる」

もちろん、愛情のすべてをこの本で網羅することはできないし、そうやってあなたを愛に満ちたマシンにできたら苦労はない。あなたは自分のこれまでの愛情観やあるべき愛の形を守ろうと、すでに私への反論を考えている人もいるかもしれない。あるいは、私の言葉を自分の現状になんとか当てはめようとしている人もいるだろう。いずれにせよ、それこそが私のねらいだ。自分を守ろうとしているなら、それこそが自分の生き方の核となる考えだから、そこを出発点に自分の愛情に対する捉え方や信念を見直してほしい。頭の中と人生に新しい環境を築き、健全で生き生きとした愛情との関係を育んでほしい。

愛することを選んで、それでも相手に失望する場面は訪れるだろうか。おそらく訪れるだろう。相手が常にこちらの望む反応を返してくれるかといえば、そんなこともない。だからといって、愛情を利用して相手を変えようとしてはいけない。それは愛じゃなく、愛のふりをしたものを使って結果を出そうとしているだけだ。その方法では、本物の愛は手に入らない。

愛を作戦や武器として「利用」してはは絶対にいけない。そういうゲームに興じちゃいけない。それは愚か者のペテン師のやることだ。

本物の愛は見返りを求めない。重荷じゃないし、望みやニーズに汚されてもいない。奇跡のような唯一無二のあり方で、必要なのは表現する場所だけ。そして、愛を表すかどうかは本人にかかっている。

人生のいろんな状況に邪魔されながら、それでもまばゆく大胆に愛を燃えあがらせよう。**他人の中に愛を探すんじゃなくて、一緒に愛になることを**選ぼう。それには、**自分が愛すると決めた相手を理解し、受け入れること**だ。すべては自分の選択だ。見返りが約束されないなかで、誰かを愛し、愛という不安定な状況に身をさらすのは勇気がいる。だけど同時に、自分はもう人を愛さないと認めるのも同じくらい勇気がいる。必死に証拠集めをして、自分の苦境を誰かのせいにする必要があまりないならなおさらだ。

なぜ人を愛する必要があるのか。愛せるからだ。ただそれだけだ。

愛情を完全にコントロールできるようになった自分を想像してほしい。周囲への愛情を自由に表現できるようになり、恨みや怒りや自分を正当化したいという思いを手放し、自由な心と他者への理解を手に入れ、当たり前と思っていた自分勝手な生存本能に歯止めをかけられるようになった自分を想像してほしい。

相手が自分をどれだけ愛しているかを気にせずにすんだら、承認を求めるのをやめ、ありのままの相手を認められたら、どれだけ自由になれるだろうか。

ただ愛になれたら、どんな自分が待っているだろうか。

愛情のための知恵　原則１

「愛情とは、人が心の中に抱く責任である」

私たちは、自分の願望の責任を誰かに負わせることに多くの時間を費やしている。相手がこちらの望むように動いてくれないのに、それでも望みを叶えてくれることを求めると、非常にまずい事態になる。願望やニーズに惑わされ、あきらめや恨み、公平さや「正しさ」といった感情に支配されるうちに、深い恐怖という名の僻地で道に迷うのだ。そういうどうしようもない人間が世の中にはたくさんいる。

私も、どちらか（両者の場合もある）が自分の求める愛を相手に強要するせいで、人間関係が破綻している人たちを数多く目にしてきた。それは、終わりなき勝手な判断と責任のなすりつけのゲームだった。「わかってほしい、わかってくれない」という感情のジェットコースターだった。

考えてもみてほしい。誰かが自分に望みのものを与えてくれないと文句を垂れ続ける（口に出してでも、あるいは心の中での密かな恨み言としてでも）人生を。そういう人は、相手に責任を負わせている。愛をくれるのは相手の仕事じゃないか。向こうがこちらに、愛されている、求められている、大事にされていると感じさせる必要があると。だけどそう考えているうちに、絶望とあきらめが心の中に忍び込んでくる。

「どうして私を支えてくれないの！」

「どうして愛してくれないんだ！」

「どうして気にかけてくれない！」

単純に「もっと幸せにして！」と叫ぶ人もいるだろう。

しかし残念ながら、そういう生き方ではうまくいかない。少なくとも、求めているもの（今回の場合は愛情）が手に入ることはない。「必要」なものを他者に求めても、その穴が埋まることは決してない。おなかの、あるいは胸の片隅に空いた穴はずっと空っぽのままだ。

まずはここで、よく使われる役立たずの知恵として、「愛はフィフティーフィフティー」とか「愛はギブアンドテイク」といった言葉を紹介しよう。こうした言葉に囚われると、人は常に相手の行動を判断したり、自分がどのくらい相手に貸しがあるかを無邪気に数えたりする人生を送ることになる。これはふたりをつなぐのではなく、ばらばらにする役立たずの知恵だ。


「何言ってるんだ、いい考え方じゃないか」と思った人もいるだろう。

だけどもし、**自分の人生に愛情が足りていないなら、それはあなたに問題がある。**いつだってそれが真実だ。愛は表現であって、到着すべき目的地や、見つけ出してつなげるべきアクセサリーじゃない。人生を愛情で満たすには、他者に愛を求めるのではなく、愛することのできる人間に「なる」必要があるし、じゅうぶん愛している「はず」だと思っている人に不満があるなら、それもあなたに原因がある。あなたは自ら生み出す自然現象であり、存在という名のとんでもない奇跡だということを忘れないでほしい。誰かに愛情を分け与えることは、愛を表現する機会になる。分け与える力は無限大だ。

だけど、愛を分け与える行為を、相手を本来とは別の人間にする、あるいは望みどおりに操るための作戦として使っちゃいけない。愛するのは愛せるからだ。それがすべてだ。

つまり、この原則を相手も理解し、ただあなたへの愛情を示すようになれば、人間関係はずっとスムーズになる。とはいえ、いつもそううまくいくとは限らない。愛情が一方通行になってしまったらどうすればいいんだろうか。

それでも愛すればいい。

もうこれ以上は愛せないというところまで愛する。そこまで行けば、もう愛さないというう決断の結末を力強く受け止める勇気も持てる。

自分自身でしばらく試してほしい。自分が愛されていると「感じた」ときは、よく言われるように自分が愛を与えられ、受け取っていると考えるのではなく、愛を示しているのは本当は自分だと考えるのだ。あなたが愛を感じる瞬間は、いつだってあなたの側が愛を持ち出している。

このあたりのことを、さらに踏み込んで考えよう。この考え方は何を示唆するのか。自分の人生に引きつけて考えたとき、どんな意味を持つのか。こうした愛はどこから生じるのか。

愛情のための知恵　原則2

「愛を『持つ』ことはできない」

じゃあ、これまで作られたラブコメ作品はどうなるんだという話になるが、そういうものが好きな人には申し訳ない。

賛否両論ありそうな知恵だって？　だけど、時間をかけてよく考えてみたらそんなことはないとわかるはずだ。

今の世の中では、愛はロマンティックで、追いかけ、勝ち取るものだと言われているから、広く受け入れられている愛の「迷信」も簡単に採用される。

そう、迷信だ。

愛の格言は、「太陽は昇る（実際には太陽は昇っていない。地球が太陽のまわりを回っているだけだ）」という言葉とか、黒猫を不吉な象徴と捉えるとか、塩がこぼれたらそれをつかんで肩越しにまかないといけないとか、そういった迷信と同じ程度の信憑性しかない。そう、私の悪魔はそういう格好で現れる。

世の中には、追い求めたくなるものがたくさんある。たとえばお金。そう、お金は「持つ」ことができる。仕事も形のうえでは持てる。学位や車、新しいシューズ、望みの体形、役職なんかも持てる。

だけど愛情は違う。

愛情を「持つ」ことはできない。

どういう意味かなんて、聞かないでほしい。持てるっていうなら、どこにあるかを教えてほしい（心の中なんて言わないこと。そういうロマンティックな妄想も嫌いじゃないが、現実には、心は血液を送り出す巨大な臓器でしかない）。

また、愛情は目標にもならない。なぜなら、愛情の獲得に狙いを定めたら、自分が今いる場所は絶望ということになり、その罠に捕らわれたまま数十年を過ごす羽目に陥る。すでにこの悲劇を演じている人は、生きがいをどんどん吸い取られていることを実感しているはずだ。

愛を探すなんて絶対にしちゃいけない。あなたは大丈夫だろうか。

想像力を働かせ、愛を「持つ」とは何を指すかをじっくり考えてほしい。愛を感じるのは難しくないし、自分自身に対する怒りや無関心、憎しみを感じるのも難しくない。共通点は、どれも人間としての体験だという部分だ。そしてよく考えれば、体験は頻度の差こそあれ、現れては消え、高まっては引いていくものと気づくはずだ。

愛を手に入れたいプレッシャーから自分を解放すればするほど、愛を示す余裕が増す。

そして愛に対してできることは、表現以外にない。しかも、自己表現なのだとしたら、愛は無限に示せる。

このあたりを出発点に、いろいろ考えてみるのはどうだろうか。

こんなふうに考えてみよう。「今読んだことを踏まえると、自分の過去の人間関係に対する見方はどう変わるだろうか。そして次の人間関係はどう築いていくべきだろうか」

時間と場所をじゅうぶんに取って、私が今言った愛の捉え方を自分なりに探索し、心が落ち着く人生の新たな出発点を見つけてほしい。

愛情のための知恵　原則3
「究極の愛情表現とは、相手の望む形で相手を愛することである」

人はたいてい、自分がこうしたいという形で誰かを愛しがちだ。

そうした愛のある種のスタンダードや従うべきモデルを、私たちは頭の中に持っている。

そのモデルのために戦うこともする。ほとんどの人は、自分でも気づかないうちに、愛とは「こうあるべきだ」というモデルに沿って自分の愛ある人生を評価している。

人は自分と家族、友人、以前の恋人との関係の中で、愛がどんな役割を果たしてきたかを観察しながら、人生を貫く独自の見方や意見のパッチワークを織り成していく。育った場所の社会通念や、古典文学、あるいは恋愛映画に登場するカップルなどの文化的な要素も大きな影響を及ぼす。

しかし残念なことに相手、つまりあなたが愛するつもりの人物が、愛情を同じように捉えているとは限らない。

たとえば、あなたが安っぽいセンチメンタリズムだと思っている手を握るという行為に、相手は心を震わせているかもしれない。あるいは、あなたが口にする言葉のすべてに愛とペットの名前をまぶすべきだと考えていたとしても、相手は最も深い愛情とは伴侶のために週に60時間働くこと、あるいは黙って行動することであって、「愛してる」なんていう薄っぺらな言葉を叫ぶことじゃないと思っているかもしれない。

幸い、共通する部分も数多くある。たとえば西欧のほとんどの人にとって、唇へのキスはロマンスを意味する。その一方で、人によって捉え方が異なる部分も少なくない。

だからこそ、私たちはみな自分なりの形で愛を表現し、自分の考える愛を行動で示し、それでいて相手に伝わらないという経験をする。最悪の場合、完全に裏目に出たりもする。こちらの愛し方と、相手の求める愛し方がずれている状態だ。

人間がふたりいれば、考え方も2通りある。愛し方だけでなく、愛されたい形も異なる。そうした点を、考えてみたことがあるだろうか。**あなたはどう愛されたいだろうか。**一番深い関係の相手にどう愛されたいかを真剣に考えてみてほしい。

誰かとつながり、**真の絆を築くには、相手に効く方法で愛情を表現するほかない。**そしてそれを知るには、シンプルに聞けばいい。相手に直接尋ねる方法もあるだろうし、間接的に雰囲気から感じ取るやり方もあるだろう。

その先には、自分をひっくり返し、相手の求める形で愛するという難しい過程が待っている。しかし、挑む価値のある難しさだ。力強い本物の関係を結ぶ方法はそれしかない。

愛情のための知恵　原則４

「誰かに愛してないと言われたからといって、気に病む必要はどこにもない」

そんな必要はまったくない。

これは、私が示せる中で一番「真理」に近い、間違いのない知恵だ。

また、相手を哀れに思ったり、相手の苦悩に共感したり、「チャンスを逃した」と嘆いたりする必要もない。

そんなふうに言われたら、次へ進もう。試合に戻るのだ。向こうはきっとあなたのことを責めるだろう。あなた自身じゃなくても、事情や宇宙の神秘を持ち出して状況を説明しようとするに違いない。だけどあなたはいつものように、自分の行動の責任だけ取り、経験から学び、必要であれば関係を清算する。

相手にとっての愛が「そこ」にないなら、テレビや雑誌がどれだけ「それでも方法はある」と言っていようが、なんとか光を見いだそうとしちゃいけない。どんなに魅力的でも、相手の行動や言葉に「兆し」を探しちゃいけない。そうしたあがきは、自分自身を停滞させ、まだ見ぬ奇跡の未来の到来を遠ざける。できるだけ早く立ち直り、乗り越えよう。

なんとかよりを戻そうとがんばって、奇跡的に関係を好転させる人もゼロじゃない。だけどそういう人がひとりいるのに対して、人生がどんどん暗転し、痛々しいほど屈辱的な時間を過ごし、友人と一緒にめそめそ泣いて、場合によっては接近禁止命令を出される人は3000万人いる。

なんとかその関係にとどまりたいと思う人が多いのには、ふたつ理由がある。ひとつは、愛とは貴重なものだと思っているから、もうひとつは愛とは与えられるものだと思っているからだ。だけど、そのどちらも間違っている。世界にはすばらしい人が大勢いて、あなたにはそうした人たちに対して、自分なりの充実したやり方で愛情を示す機会がある。同じ愛を経験することは二度とできないかもしれないが、それでも愛の魔法の豊かさは無限大だ。そのどれもがとてつもなくすばらしいものだ。

愛が無限の広がりを失うのは、ある愛と別の愛を比べてしまうからだ。イチゴに以前食べたチーズの味を期待していたら、おいしく食べられるはずがない。愛の形が異なっても、それが愛であることに変わりはない。

相手に自分のすべてを捧げよう。それでもし、向こうがもうこちらとは愛を分かち合いたくないなら、そうしたい別の誰かを探せばいい。

愛情のための知恵　原則5

「誰かを愛する秘訣は、ありのままの相手を愛することである」

実はこの本をほとんど書き終えたところで、もっと言えば編集に没頭している段階で、母が突然この世を去った。

すると、母のことを誰かに伝えたいという思いが押し寄せ、母が自分に大きな影響を与えていたと改めて実感した。そして、そのあたりのことを「喪失」に関する章に書き加えたいと思った。

だけどそんなことをしたら、お涙頂戴の茶番になっていただろうし、読者にとっても無駄なだけだっただろう。

幸運だったのは、私は十何年か前に、30年ほど続けてきた自分を哀れむ日々から抜け出して、母との関係をしっかり受け止める気になれたことだ。そうやって姿勢を変えるとすべてが変わった。母は何も変わらなかったが、私が変わった。

問題は、大切な人に対して自分は役割をきちんと果たしていると信じる一方、関係がうまくいかない言い訳を繰り返している人がとても多いことだ。

まずは関係が破綻していると認めることから始めよう。自分がそういうアプローチを取る卑小な人間で、慣れ親しんだ自分の一部にふたをし、たいした問題じゃないと自分に言い聞かせてきたことを受け入れよう。がんじがらめになっているかどうかは、自由になってはじめて自覚できる。

どんな自由だろうか。それは自分の一番貴重な財産や視点であり、ほかのすべてを投げ捨ててでも手に入れたいものだ。

人間関係とはこうあるべきという、自分で自分に言い聞かせてきたストーリーを捨て、打ち壊そう。傲慢にも自分で自分につけてきた、放っておくといつまでも治らない傷と向き合い、その責任を取ろう。そうしてはじめて、人は力のあふれる場所へたどり着ける。創造という場所、人間関係に本物の影響を及ぼせる場所にだ。

私はそれを実行した。

私は母を愛することを選んだ。母のすべてを。「母のいいところを見つける」とか「うまく折り合いをつける」とかいうたわごとは忘れ、頭から愛に飛び込み、全身で取り組んだ。

恨むのではなく称えることを選び、母の反応を理解し、ほかのすべてを愛そうとした。その途中、母は変わらなかった。いつもの母だった。性格も、気分も、考え方も、行動も何も変わらなかった。それでも私はありのままの母を愛し、ひたすら後悔したり、自分の望む母と現実の母との差に心をすり減らしたりして、人生を無駄にするのをやめにした。すると突然、本当の母が私の前に姿を現した。容赦なく、果敢で、活力に満ち、力強く、意欲的な母が。

そうやって、私は自分の母を愛した。

それが愛する「秘訣」だ。相手の人となりや人間性、欠点、過去、不完全な部分、見方のすべてを愛すること。**相手の見方に合わせる必要はないし、自分が犠牲になる必要もない。大切なのはありのままの自分でいること**で、そしてそれには、**ありのままの相手を認めなくてはならない。**

ぜひ試してみてほしい。相手のすべてを愛せば、人生のドラマは風の中へ消えていく。しっかりと時間を取って、ここで話したことをよく考え、掘り下げてほしい。気になる箇所があったならそこまで戻り、考えて、メモを取り、しっかり自分の中に取り込むことをオススメする。私の言葉が現在だけでなく、未来にも革命を起こすことを忘れないでほしい。

あなたがどれだけ真剣に考えるかで、この本の価値も変わってくる。ここが新しい始まりだ。悔いのないようにしよう。

第4章

喪失についての知恵

喪失とうまく向き合えば、
自分を窒息《ちっそく》させるのではなく、
元気づけることだってできる。

具体的な喪失と、ほしかったものが手に入らない喪失

あなたがこれまで教わってきた喪失に関するあれこれは、どれもウソっぱちだ。喪失というテーマは、迷信や恐怖、決まり切ったお悔やみの言葉という、決して疑問視されることのない文化のまゆに守られている。

喪失はたいてい、伴侶や家族、友人、ペットといった大切な誰かが死ぬことを指すようだ。人はそうした経験を「誰かを失う」と言って嘆き悲しむ。何もおかしいことはない。ところが喪失にはもうひとつ、未来の自分を抹殺するタイプがある。このタイプの影響は、その瞬間にはわずかで、少しずつ忍び寄ってくるから、本人は自分が窒息するまでほとんど気づかない。そして気づいたときには、克服するのはほとんど不可能に思える。

それは夢や状況の喪失、今の苦境に対する答えの死や消滅だ。理由はどうあれ、人は起

こるはずだと思っていたのに起こらなかった出来事を悲しむ。「悲嘆」の闇に沈んでいる「実感」はなくとも、心に大きな傷をつけるのは間違いないのだから、しっかり認識して対処してやらないといけない。

ほとんどの人は、そうした苦難をさっと乗り越えたように感じるが、残念ながら実際はそうじゃない。「乗り越えた」というのは、実際には「封殺して気持ちを切り替えている」だけだから、**思考の裏側では苦難の記憶は生きていて、人生の道行きをゆがめ、本人には想像もつかない形で影響する。**泥沼に何年もはまり、壊滅的な影響を受ける人もいる。人生が停滞したり、急に暗転したり、絶対に起こらない変化を待つだけの日々を送ったりする。後悔と絶望、場合によっては憎しみに満ちた人生の始まりだ。

ほしかったものが手に入らない、あるいは起こってほしかった出来事が起こらない状況は、具体的な喪失ではなく、失った「感覚」だけが残る。すると本人は、だんだんと自分の殻に閉じこもるようになり、やがてそれに慣れ、自分がまだ「泥沼にはまっている」ことにほとんど気づきもしなくなる。喪失はあからさまに苦しいものとは限らない。

結婚生活や人間関係が思いどおりにいっていない人もいれば、仕事やプライベート、問題解決の計画がうまくいかない人もいるだろう。ベストセラー作家になりたいという長年思い描いていた夢がまるで実現せず、世間は冷たいままで、子どものころに思い描いていた自分とはかけ離れてしまっている人もいるかもしれない。

この世には、誰かが死んだときの体の力が抜けていくような具体的で物理的な「喪失」だけでなく、具体性のまったくない喪失もある。というより、「失う」のは意見やポテンシャル、感情であって、現実世界のものじゃない。

たとえば、人はよく「希望」を失うと言うが、その「希望」は実際には、人生の問題に向き合うためにひねり出した前向きな感情でしかない。あなたが希望に頼って人生を乗り切ろうとしているなら、その希望は捨てて新しく行動を起こそう。怖いし、場合によっては痛みすら伴うかもしれないが、希望というカンフル剤にすがって困難な局面を切り抜けようとするよりは、ずっとうまくいく可能性は高い。

何年も前の失恋がいまだに忘れられず、今の相手との関係の（あるいは今の人生の）ど真ん中に突き刺さっている人もいるかもしれない。そういう人は、きっと過去を振り返り、逡巡し、夢想し、比較し、ストーリーを思い描き、今の人生への失望を強め、一緒になりたかった相手をうじうじと思い出すことに多くの時間を費やしているのだろう。だけど、それじゃ夢の中を生きているのと同じだ。今こそ目を覚まさなくちゃならない。

最も痛ましい状態とは、未来、特にあなたが決して持つことのない未来をいつまでも思い煩うことだ。

――セーレン・キェルケゴール

喪失はやがて、力になる

喪失を悲しむのは、人間にとってごく自然な行為だ。何かを失う経験をまったくせずに一生を終えられる人はいない。そんなことはありえない。誰かが死んだとき、夢や希望が失われたときに悲しむのは何も間違っていない。同じように、健康状態が悪化したり、恋人が去っていったりしたときにがまんする必要はないし、そっとしておいてほしいと思うのも当然だ。そういう感情は、時とともに流れていく。だからそのままにしておけば、やがては消える。悲しみは増したり薄れたりを繰り返す。それが人生だ。

決意や怒り、憎悪といった一時的な対策を講じて無理やり介入しても、悲しみは自然に消えてなくなりはしない。そうした「補助的感情」は、実際の喪失の痛みよりもはるかに長く心に居座る。

つまり、**喪失という経験が人生に与える長期的な影響に責任を持とう（影響を自覚しよう）**ということだ。ほとんどの人は、喪失という名の雲がいつまでも空を覆い続けること、自分自身を大きく変えていることをまったく自覚していない。そうした変化は瞬間瞬間にはごくわずかでも、いつの間にか人生を激変させている。

たとえば、近しい誰かが死んだとき、人は傷ついたと感じる。その影響は、刺し傷や擦り傷、切り傷のような単なる負傷のレベルにとどまらない。それよりも致命傷に近い、死にそうな痛みを感じる。

深い穴が空き、人生が壊滅的にひび割れるような、体の奥底にまで響く感触。「あいてっ！」ではすまない、目に見えない嘆き。自分という存在の根っこを刺し貫くような痛み。そうしたとんでもない苦しみに襲われる。気持ちは石のように沈み、これはいったいどういうことだと思い悩む。胸が痛み、苦しく、ときに溺れているような感覚すら味わう。

そんな悲しみに、人はどう向き合えばいいのだろうか。最悪の恐怖という廊下でのたうちまわり、なんとか自分を落ち着かせようとするなかで、どう動けばいいのだろうか。アルコール？　仕事？　ドラッグ？　ポジティブシンキング？　じっと耐える？

そこで多くの人が、その場しのぎの安心感を得ようと、「時がすべてを癒やす」といった類いのポジティブな哲学的アプローチを取る。そして「もう終わったことだ」と生涯自分に言い聞かせ、その実まったく終わっていないことにやがて気づく人生を送る。苦しいときにそうした言葉を耳にする人は多いだろう。だけどその言葉は、最高に苦しい粘ついた時間を乗り越えるには役に立たない無価値なものだ。

とはいえ、こういう言葉にもいくばくかの真実は含まれている。それは、時間は機会をもたらすという点だ。喪失があるべき場所に落ち着いて、よい結果をもたらすための機会。

喪失は、本人の糧になる場合もあれば、足を引っ張ることもある。そして、どちらになるかは自分次第で決められる。

ほとんどの人は悪い方向のどこかへ行き着き、無意識の中で時おり、しかし定期的にそのことを思い出して、永遠に恨みのサイクルにはまる。**悲しみがネガティブな場所に居座ると、過去と永久に結びつき、本人はその影響から絶対に逃れられなくなる。**いつまでたっても、どんなに時が過ぎても悲しみは癒えない。

悲しみを「どうしても乗り越えられない」状態だ。

しかし、別の選択肢もある。悲しむのは、それが人生の自然な流れで、目的を果たすためのプロセスだからだ。本当の意味で悲しむとき、喪失は人を停滞させたりなんかしない。誰かの死の重みや、失業のパニック、機会を逃した絶望がどれだけ大きくても関係ない。最初は苦しいかもしれないが、やがて力となり、人生を輝かせさえする。

私はこの世を去った（死んだ人のことを「失った」と言わないのは、そういう言い方を続けていると喪失感に襲われてばかりの人生になるからだ）愛する人を思い起こし、彼らの思い出を見聞きし、心の目に映るしなやかな記憶がよみがえるたび、しばらく悲しんでも構わないと思うようにしている。悲しみの感情が高まるのに身を委ねる。抵抗せず、変えようとしたり、哲学的になろうとしたり、ましてや無理に笑顔になろうなんて思わない。ただ受け入れる。それで問題ない。悲しみは誰にも邪魔されず流れていき、私は溺れることもなく、またいつもの生活へ戻っていく。

「こうできたかもしれない、ああするべきだった」と、いつまでも思い悩んだりもしない。そんなものはすべて幻想だし、はっきり言って、自分の人生に対する責任を否定するための小さな安全地帯でしかない。私は自分の人生のハンドルから手を離すつもりはないし、そうさせる物事には一切興味がない。もっと一緒にいたかったという思いや、運命、病気、加齢を恨む気持ちが湧き上がってきたら、そのままにする。**いなくなった人をどれだけ愛していたかを過去形で思い悩み、「寂しがる」ことにふけったりは絶対にしない。**そんなことをしては、今も生きて自分を助けてくれる人、さらに今の自分の人生のためにはならない。

いなくなった人を思い出すのは、そういったネガティブなものじゃなく、もっと温かい、その瞬間に自分の糧になるような経験だ。私は彼らを今もどれだけ愛しているかを考える。それは死によって突然終わったり、変わったりしたものじゃなく、自分が今体感し、これからもずっと感じていくものだ。そうやって、この世を去った人はたくさんの記憶とともに生き続ける。私にとって、みんなの人生は自分の中に息づいていて、私が死なせない限り終わらない。

私も長いあいだ、喪失とは関係の終了だと思い込んでいた。しかし実際には、喪失とは関係がこれまでの形から今の形へ変容することなのだ。

だから、彼らは私にとってはずっと生きている。みんなとの思い出を寂しいとは感じないし、もう二度と手に入らない、替えの利かないものだとも思わない。私は彼らを愛することで、人生から何かを引くのではなく、人生に何かを加えていくという満ち足りた感覚を味わう。

あなたも今すぐ、そうした場所へ自分を連れて行こう。糧になる喪失とは、振り返って力に変えられるものでなければならない。それは喪失を克服するのではなく、人生の舞台裏に置き場所を変え、ときどき思い出して今の自分、これまでの自分のあり方を確認する過程だ。

本気で悲しんでいい「消費期限」を決める

私はもう、父の死を思い出しても失望は感じない。もちろん、最初からそうだったわけじゃない。私にも、自分に近しい人間がこの世にいない現実にはじめて向き合わなくてはならず、ショックと悲しみの分厚い黒煙に包まれて窒息しそうになり、感情の波が何度も押し寄せてもう息ができないと感じた時期があった。心の中の父のいた場所に穴が空き、その穴をどうにかして埋めなくちゃいけないという深い絶望を味わった。なんとかしなくちゃ。そして強いウィスキーを一杯飲んだ（そもそもウィスキーなんていう冒涜的な飲み物は好きじゃないのに）あと、みなさんにも想像がつくであろうことに手を出した。

つまり、いろんな文章を読み、話を聞いてくれる人に打ち明け、忙しく働き、瞑想した。その末に、ピタッとくるタイミングが訪れた。その経験を自分のものにできた。手中に収め、責任を持てるようになった。癒やされた。

ほとんどの人は、喪失を経験したときにどうしたらいいかわからないから、穴をそのままにし、真空の中であえぎ、気持ちを沈ませるしかない。その経験に致命的に毒され、かたくなになり、あるいは心に重荷を背負ってしまう人もいる。だけどそれはどうしようもないことではない。

私が今言っていることは、どれも以前から知っていた情報や、自分の基本的な性格だったわけじゃない。頭が混乱したまま読み、聞き、考え、新しい知識を応用しようとするなかで身につけたものだ。そうやって、自分で自分にブレイクスルーを起こした。あなたにも同じことができるはずだ。

ただ、ひとつはっきりさせておかなくてはならないことがある。それは半年にせよ、１年や2年にせよ、**それまでは本気で悲しんでいいという「消費期限」を定めること**だ。そして、期限切れの日がいつになるかは誰かから教わるものじゃない。日取りは自分にしか決められないし、精神状態や、その人や状況との関係、自分の人生哲学などで変わってくる。それでも、これ以上ずっと悲しんでいたらなんにもならず、悲しむことの本当の目的から離れてしまう瞬間は必ずやってくる。そこを越えてしまうと、自分自身と人生が沈み込み、現実を正当化する言い訳として喪失を使うようになる。

そういう卑劣な自己正当化野郎にならないよう、気をつけなくちゃいけない。

喪失の消費期限は、自分がどのくらいの頻度で説明や言い訳を使っているかを考えると見つかりやすい。友人と会うとき、あるいは家族との関係や、仕事、人生がうまくいかないときにその話に頼りがちなら、消費期限内だと思っていい。相手もそんなあなたを邪険にはせず、必ず話を聞いてくれるはずだ。向こうは乗ってこないだろうだなんて思っちゃいけない。そういうときに、周囲に甘えられない人間になってはいけない。

だけど、**「もうじゅうぶんだ」というタイミングが来たら、自分を中心に置き、自分を弱くするんじゃなく、強くする場所へ悲しみを移す必要がある。**

簡単ではない。喪失を受け止めるのは難しい。喪失を経験した結果、以前とは別人のようになる人もいる。絶望にさいなまれる人生を送ってもおかしくない。

だからといって、あなたがそうなる必要はどこにもない。

喪失とうまく向き合えば、自分を窒息させるのではなく、元気づけることだってできる。

喪失についての知恵　原則1

「喪失を克服できないのは、自分で抱え込んでいるからだ」

痛いところを突かれた人もいるのではないだろうか。こう言われるとたいていの人が激しく怒りだすし、その気持ちはわかる。

だけどそれはなぜだろう。理由はふたつある。

まず、喪失という話題そのものが、核融合炉の炉心を扱うような慎重さがなければ触れてはならない、社会的なタブーとされているからだ。多くの人が、喪失は「立ち入り禁止」エリア、言い換えるなら困ったときに逃げ込み、追及の手を振り切れる安全な場所だと思っている。そうやって多くの人が、自分の体や健康といった話題になるたびに安全圏へ逃げ込み、同じ行動の繰り返しという罠に捕らわれる。人生はつらいことの連続だから、逃げ出したくなるのも無理はない。誰かから「病気なんだ」とか「うつなんだ」「悲しい」

「放っておいて」と言われて、その発言にかみついたり、突っ込んで話を聞こうとしたりする人はまずいない。

次に、**大半の人は、過去を自分で抱え込んでいるということにほとんど、あるいはまったく気づいていない。**心の中では、過去のほうが自分にひっついているように思っている。

私もこれまでの人生で多くの喪失を経験してきた。同時に、同じような経験をした人たちを何人も指導してきた。

喪失のまっただ中でもがき、強烈な虚無感に囚われている人は、自分にはどうしようもない状況にいるように感じている。喪失の言いなりで、自分の側には主導権などないと感じている。

それなのに、まわりは「がんばれ」だとか「なるようになるさ」とか言うから、ものすごくイライラする。自分だって、同じ状況に陥ったらそんなことできるはずないのに！

本当にそうだろうか。

繰り返すが、その気持ちはわかる。だけどそういう状況で怒ったり、身構えたくなったりしたときは、気持ちを落ち着けて私と一緒に考えよう。私の手元には、みなさんのためのアドバイスがいくつかある。

もちろんその中には、喪失の影響がいつまでも消えないとか、ずっと荒れくるっているとか、受けるべきではないレベルの影響を受けていることに気づいている人も含まれる。

自分の胸にこう問いかけよう。


「このまま喪失感を引きずることで、自分はどんな人生を送ろうとしているか」

「今回の喪失で、自分自身に対してどんな言い訳をしているか」

「今回の喪失について語るのをやめたら、人生のどんな現実と向き合わなければならないか」


この三つの質問の答えの中に、あなたがしがみついているものがある。それは自分が避けている、あるいは正当化しているものだ。正視したくない、不都合な現実が見つかるだろう。だけど、向き合うことはできる。自分自身の状況をひっくり返し、力強く立ち直って、人生に再び立ち向かう心構えをすることはできる。

多くの人が、喪失を口実に何かに取り組むのを避けようとする。「今は〇〇をどうにかしなくちゃならないから、××をやってる余裕がない」という思考に陥り、逃げ道を作るかのようにふたつをつなげ、喪失のあとの人生に向き合わなくてもいいようにする。「確かに飲み過ぎてるよ、だけどそれは〇〇を乗り越えられないからなんだ」とか「体重が増えてるけど、離婚のせいだよ」「人間関係がこじれてて、でもそれは母さんが死んだからだ」とか言ったりする。

だけど、前者と後者に本来つながりはない。つながるのは自分がつないだからだ。

そう、大きな喪失感を味わった人は、酒やドカ食い、孤立、付き合いの拒絶が解決策になるかもしれないという考えにさらされる。だけどその両者に「因果関係」はない。現象に何か原因があるという考えを強調し始めると、解決はどこまでも遠ざかる。さじを投げて逃げ出すのは簡単だし、「自分のせいじゃない」と言われてしまえば、周囲としては引き留めるのは難しい。だけどこれは、誰のせいとか原因とかいった話じゃない。そんなことは誰も気にしてないし、今は関係ない。

これは、このあとどうするかという話だ。**喪失を経験したあとの人生は、自分で思い描**

くほど荒涼としたものじゃない。どんなにつらく、心が折れそうに思えてもだ。

人は悲しみながらでも生きられる。悲しみながら仕事へ行き、ジムに通い、家族と過ごせる。喪失にエネルギーを吸い取られる必要はないし、引きずり下ろされたり、押し戻されたり、修復不可能なほど人生をゆがめられたりする必要もない。もちろん、ひとりの時間や同情、理解も欠かせないが、同時にあなたには未来と、喪失から学んで新しいレベルで探究できるようになった人生が必要だ。

喪失についての知恵　原則２

「きょうという日も、二度と戻れない１日だ」

生きていれば、知り合いや物事が自分の人生から離れていき、ああすればよかった、こうするべきだったという暗い感情が次第に強まって、自分を縛りつける経験を何度もする。

そうした喪失や空虚感を味わいながら、以前と同じ人生を続けようとする人がいる。何も変わってなんかいない、怒りや恨みを感じることもあるだろうけど、今までよりちょっと寂しくなって、へこみ、手にしたものが減っただけだと思い込む人たちだ。

喪失を一種の天啓のように扱う人もいる。そういった人は、「こんなことしてちゃいけない」と悟り、人生の方向転換を図る。仕事を変え、健康に気を遣い、あるいはシンプルにまったくの別人になろうとする。


だけどそれ以外にも、悲しみに改めて注目し、有効活用する道もある。そのやり方は、私たちを涙や後悔の先へ連れて行き、前向きな思考や行動をもたらす。

個人的に一番効くと思うのが、自分自身の死を直視する方法だ。**自分が死ぬという事実を考えることは、限りある人生と真剣に向き合う機会になる。**

今は実感が湧かないかもしれないが、あなたもいずれは死ぬ。それはあしたかもしれないし、50年後かもしれないが、その事実をきちんと認識すると、これ以上ないほど大きな炎を自分の中に灯せる。もっとも、自分の死を身近に考えられる人はほとんどいない。

その場合は、愛する人や知り合いの死を受け止め、それを自分への刺激に変えると、魔法のようなパワーが手に入る。死を力に変える方法はいろいろある。

私は父が死んだあと、「こんな自分を父はどう思うだろうか」と考えるようにした。この考えが、顔をひっぱたくような効果を発揮し、私は目を覚ますことができた。「自分は何をやってるんだ」と気づき、人生の向かう先を変えられた。

そして、変化は一瞬で起こせる。きょうだって、今この瞬間にだって始められる。変化は時間をかけて起こるものだと思われがちだし、そういった側面があるのは間違いない。だけど、**喪失の中で経験するのは変化の連続だ。決定的瞬間から始まる無数の小さな変化だ。**

今がその瞬間でもおかしくないし、きょうがその日だっていい。そしてあなたが経験した死、味わった悲しみは、うまく活用すれば、自分を前進させるきっかけになる。必要なのは、喪失の見方を変えることだけだ。

あなたはいったいどんな新しい見方をするだろうか。

喪失についての知恵　原則3
「いっぱいいっぱいになるのは構わない。それは正しいことで、苦しみが永久に続くわけではない」

喪失に見舞われたとき、多くの人はいっぱいいっぱいになる経験をする。人生があまりにも大きく、重く、複雑で、問題に向き合えないように感じる。それどころか、ベッドから出るのさえ難しい。どんな動機や刺激も、無力感や心のざわめき、絶望感を突き破れないように思える。

そういう圧倒される感覚は、自分には分不相応の人生を送り、手に負えないほどたくさんのことに手を出しすぎている証《あかし》かもしれない。その場合は、今までどおりの生き方を続けていてはいけない。今までやっていたことの一部を誰かに任せ、人生の見方を変える必要も出てくるだろう。いずれにせよ、いろいろ手を広げることと、自分らしさを保つことは両立させられない。

その一方で、喪失に伴う圧迫感は、足をすくわれる思いに近いものの場合もある。先ほどの圧迫感とはまったく別の感覚で、それぞれ別の対策を立てる必要があるように思える。

だけどそんなことはない。

いっぱいいっぱいになる一番の理由は、心のどこかでこんなはずじゃないと思い込んでいるからだ。こんな恐ろしい感覚、さっさとどこかへやらないと！　そうやって人は、なんとかしようと瞑想にふけり、休養を取り、家を片付ける。

結局のところ、**人は圧倒される原因を作った物事よりも、圧倒される感覚そのものに苦しんでいるのだ。**

この文をもう一度読み返してほしい。

落ち込んでいる自分に落ち込む感覚に近いかもしれない。もちろん、幸せな気分のときはそんなことにはならない。すべてが思いどおりにいっている状況で、天にも届くような大声で「なんで自分が？　なんで自分はこんなに幸せなの？」と叫ぶ人はいない。ところが器がいろいろなものでいっぱいになりだした瞬間、人は驚き、文句を垂れ、現状に対する無言の抵抗を始める。そんなことをしてもなんにもならないのに。

場合によっては状況が悪化するだけなのに。

人生には、圧倒される感覚に襲われるのを覚悟しなければならない場面が必ずある。人や夢を失ったときは特にそうだ。だけど、それは全然おかしなことじゃない。限界に達したなら、いっぱいいっぱいになるのは当然だ。その反動で、重い無力感や喪失感を味わうのは構わない。

構わないが、それでもそうした感覚への答えがあるとすれば、それは挑み、戦うことではない。苦しいのは当然だ、あるいは正反対に、逃げなくてはならないという自然な反応に身を任せよう。大切なのは、いっぱいいっぱいで構わないと悟ることだ。それは寄せては返す感覚だから。**ストレスを感じ、多少混乱し、場合によってはちょっとしたパニックを起こしたとしても、死ぬわけじゃない。**健康に気を配りながら、自分に栄養と滋養を与えよう。もちろん、少しばかり前に進んでみるのもいい。

それに、その感覚は永久に続かない。ちゃんと終わりがある。しばらく抱えていたどん底感覚をやがては克服し、扱いに慣れ、涼しい顔で対処できるようになる。

この章の内容がつらいものだった人もいるだろう。深呼吸をし、散歩をし、今できることに集中して、自分がなんのためにここにいるかを思い出そう。自分はいったいなぜこの章を読んでいるのか。それは、喪失という難しい状況の本当の切り抜け方がわかれば、喪失を力に変えられるからだ。これはささいなことなんかじゃない。とてつもなく大きなことだ。

第5章

恐怖に打ち克つ知恵

怖いのは生きているからだ。
あなたがすべきは、
それを理解して恐怖を
脇へどけることだ。

人は何に「恐怖」を感じているのだろう？

人生に行き詰まって足を取られたように感じている人に、なんでその状況を突き破って最高の人間を目指さないんだと尋ねたとしよう。するとその味気ないお決まりの人生について、誰もが同じ退屈な答えを口にするだろう。

「怖いからだ」と。

失敗や評価、拒絶が怖いからだと言うだろう。だけど、本当にそれが理由なんだろうか。それがすべてなんだろうか。怖くてどうしようもないだけなんだろうか。人はみな、多かれ少なかれ恐怖を軸にして生きている。可能性という名の奇跡よりも、安全に思えるものを大事にしている。

昇給を求めないのは、失敗するのが怖いからだ。誰かにお願いをしないのは、断られるのが怖いからだ。会社を興し、本を書き、大学に願書を出し、ジムに行くことをしないのは、きっと次もうまくいくはずがないと思っているからだ。

それに、新しいことを始めたら、まわりからどう思われるかも気になる。失敗して谷底へ転げ落ち、死んだように横たわるのは最悪で、ゆううつで、痛々しいほど恥ずかしく、いつもいる場所のような安心感のかけらもない。だから挑戦なんてくだらないことをまた始めようとするのを、自分の中の一番繊細な自分がなんとしても止めようとするのは何も不思議じゃない。失敗すれば、おなじみの破滅のボタンが押される。おなじみの、できれば経験したくない感覚を味わわされる。

しかもそうした失敗は、あとから思い出すと、全世界が自分の失態をまのあたりにしたように感じる。たいした才能もない、愛される価値のない、間抜けな人間だという暗く深い真実を隠すための演技がバレたように感じる。人生は、本当の自分を仮面の下に隠そうとする痛々しい努力の連続だ。

だからこそ、人は恐怖を感じて足を止める。つまらない言い訳に屈し、何かにつけて恐怖を人生の説明や弁解に使う。私が司会を務めるワークショップでも、参加者はみな、恐怖を具体的に感じると言って話し合いを始める。ほかの参加者の恐怖がわかると言い、怖がりな人生を送る権利を主張し、その代償をよく考えようとはしない。

だけど実際には、そういう恐怖は見当違いだ。現実には、怖いものなんて何もない。いや、何もないは言い過ぎかもしれないが、そんなに多くないのは確かだ。

もちろん、怖がるべきことはある。海水浴の最中、自然に身を任せる静かな満足感と喜びを感じていたと思ったら、どこからともなく映画『ジョーズ』の不気味なテーマ曲が聞こえてきて、ついでに背後で水を切る音がしたら、さすがに恐怖を感じるべきだろう。だけどそんなときでも、怖がりだす前にちゃんと状況を確認してほしい。音楽を鳴らしているのは通りすがりのチェロ奏者で、水音もとなりのバカンス客がしぶきをあげただけ、ということがよくあるのだから。

そもそも、サメに弦楽器は弾けない。

つまり、自分の生存が本気で脅かされているなら、怖くなるのは自然だし、怖がるべきだ。そういう場面では、いついかなるときも安全を優先するべきだ。

だけど、章の冒頭で言ったような恐怖は、そういうものじゃないはずだ。

そしてその場合、命を脅かされているわけじゃないんだから、怖がる必要はない。現代人は「恐怖」という言葉を、向き合いたくないものをなんでも覆い隠せる絆創膏のように、簡単に使いすぎている。やるべきことを永久に先延ばしする免罪符にしている。

あなたには、その絆創膏をはがしてもらいたい。そして恐怖の中に踏み込み、その奥にあるものを見つけ出してほしい。

「何があるかはわかってるよ。失敗に対する恐怖だ！」と言う人もいるだろう。

最近では、SNSにそういう言葉があふれている。行動を起こせないのは失敗が怖いからだというメッセージに、失敗の恐怖を振り払って成功をつかんだ人の使い古した名言を添えたインスタグラムの投稿は何十億件とある。

それが悪いことだとは言わない。だけど、それじゃ掘り下げ方が足りない。

つまり、問題は失敗そのものに対する恐怖ではなく、**失敗したとみなされることへの恐怖**なのだ。言い換えるなら、もし誰にも失敗を悟られないなら、栄光を失ったことを誰にも見られず、聞かれもしないなら、みんな失敗なんてたいして気にしない。これはあなたを含めた全員に当てはまる法則だ。ところが、**実際にはひとりきりでも失敗は怖い。それ**

は、失敗したことを「自分」はわかっているからだ。

まわりのことなんて何も気にしていないように見える子どもも、妙なプライドを見せる場合があるのは、このためだ。子どもを持つ親なら、はじめて「着飾る」ことを覚えた子どもが、まわりからどう見えるかなんてちっとも気にしていなかったことを知っている。それでも子どもたちが見た目を気にし始めるのは、まわりからどう思われるかではなく、自分で自分をほめたいからだ。

まわりからどう思われるかなんて、子どもたちには知ったことではない。

足をすくませる失敗の恐怖は、他人や自分に評価されるのを避けたいという願望に近い。そうやって人はお決まりの言い訳や説明を口にし、今の道を行くしかないように見せかける。だけどあなたの足を引っ張っているのは、説明じゃなくて、そうしたちっぽけなストーリーの裏にある何かだ。そして裏にある何かとは、**自分がどう見られているか、もっと言うなら、どう見られるべきかという、決して消えない不安**なのだ。

恐怖を感じないようにするのではなく理解して受け入れよう

そうやって人は強力なストーリーを作り上げる。ストーリーは絶対的で、無敵で、リアルで、重く、周囲がすぐに信じるものでなければならない。しかもそれは、他者と交わす暗黙の取引でもある。あなたのしょうもないストーリーを信じるから、かわりに私のも信じてくださいよ。そうやって人は親友になり、自分の人生から一緒に逃げる。

そのうちにストーリーは人生の真実になり、だんだんと本人は言い訳続きの人生を重荷に感じるようになって、自己啓発の本を読んだり、アドバイスを求めたりする。だが、それでも気分は沈む一方で、だけどなんとか現状を変えたいから、やがて幸運とか宇宙の神秘とかの理論に行き当たり、運や流れが向いてくれれば人生は好転するはずだと思い込む。そうやって、言い訳続きの人生を居心地のいいものにしていく。苦しみを耐えられるものにすることで精いっぱいになっていく。

では、苦しみのサイクルを終わらせるにはどうすればいいのか。

まず、**行動そのものではなく、自分が恐怖を感じる瞬間に注目しよう**。怖くなるのはどんなときかを突き止め、恐怖に伴う具体的でよく見知った思考や感情、気持ちを明らかにしよう。怖くなったとき、あなたは汗をかき始めるだろうか。それとも心臓がバクバクいいだすだろうか。

そうやって自分の恐怖の感じ方が自覚できたら、今度はその恐怖を客観視してみよう。恐怖を言い訳には使わず、恐怖とともに生きることを学ぶのだ。**恐怖を感じないようにするんじゃなく、恐怖に慣れる。受け入れる。**評価を避けるんじゃなく、人間はみんなまわりから評価される定めだと覚悟する。演技を続けて今いる予測可能で安全な小箱にこもり続けるよりは、評価されるほうがマシだと理解する。

そう、人はまわりから評価される。だけどそれがなんだっていうんだろう。あなただってこの本を読んでいる以上、私（もしくは私の文章）を評価している。自意識過剰はもうやめにしよう。あなたはじゅうぶんうまくやっている。だからもう一段上の人生を歩もう。

キェルケゴールは言う。「**挑戦は不安を生むが、挑戦しなければ自分に負ける。そして最大の挑戦とは、自分自身を意識することなのだ**」

言い換えるなら挑戦、つまり行動を起こすことは、ある程度の恐怖、さらには不安を呼び覚まし、そして突き進むほどに恐怖も高まる。だけどそれは命を脅かすようなものじゃない。そういう恐怖を感じるのは仕方がない。怖いのは生きているからだ。

あなたがすべきは、それを理解して恐怖を脇へどけることだ。

正直になろう。現代人のほとんどは、安全この上ない人生を送っている。エアコンの効いたオフィスで働き、安全機能のついた車を走らせ、ショッピングカートやクレジットカードを使って消毒済みの食べ物を手に入れる。血のついた槍を手に森の中へ分け入り、鋤《すき》を手に自然の厳しさと格闘する必要はない。要するに、あなたの感じる恐怖のほとんどは、たいしたものじゃない。行動を阻むものじゃない。自意識に対する不安でしかなく、命の危険を伴う怖がるべき恐怖ではないのだ。

人はみな恐怖を感じる。だけどそれは、行動を起こさない言い訳にはならない。

恐怖に打ち克つ知恵　原則1
「恐怖は無意味だ」

この世に恐怖なんていうものはない。存在しない。

そんなものは、退屈さとか意志力と同程度のリアリティーしかない。リアルに感じるからといって、自分の内なる小さな世界を飛び出して現実になるわけじゃない。

あなたはもしかしたら、恐怖に駆られて何カ月、ことによると何年も停滞しているかもしれない。自分の生きている実感や可能性を売り飛ばすかわりに安心感を手に入れ、手が汗でにじみ、思考がぐるぐるし、心臓の鼓動が高まり、自分の中のパワーが消えていく恐怖から逃れているかもしれない。だけどそんな恐怖は無意味だ。

恐怖とは、人間がたまたま混沌としたひどい状況に直面した際の一時的な体験にすぎない。そうやって人生が急に暗転した人は、実際以上に状況を深刻に捉える。

そんな恐怖は無意味だ。恐怖の中に、深刻さや重大さがあらかじめ組み込まれているわけじゃない。恐怖自体は空っぽの器でしかない。人間がそこに危なっかしい可燃物を詰め込み、それがやがて人生の軌道をゆがませるのだ。

恐怖は今や、宇宙規模の巨大なジョークになっている。はるか昔は命に関わる重要なものだったし、この危険な惑星の自然の中で、生き抜く助けになるものだった。それが今では、恐怖を感じるのは、ミーティングや面接、デート、転職、ずっと言いたかったけど言い出せないことを口に出す瞬間だ。

そうやってひどく間違った使い方をしていると、人生そのものが停止する。不意に訪れるのは、胃がよじれ、膝が震え、頭がいっぱいになり、手に力が入らず、命が脅かされるような感覚。その感覚は多くの人にとって、望む以上のペースで訪れる。だけどリアルに感じるからといって、あなたが思うような影響を恐怖がもたらせるわけじゃない。

考えてもみてほしい。デートに出かける誰もが、同じ恐怖を抱いているなんてことがあるだろうか。給料アップをお願いしたり、ジムへ行ったり、誰かに自分の気持ちを話したりすることは、誰にとっても怖いんだろうか。人前で話すのは誰もが苦手なんだろうか。

そうした行動の中に、私たちを実際に傷つけるものは何ひとつない。だからこそ多くの人は、深呼吸して「よし」とつぶやき、課題に挑んでいける。だけどじゃあ、残りの人がそうしたものを前にして、凍りついたように体が動かなくなってしまうのはなんでだろう？

人は恐怖に突き動かされるわけじゃない。恐怖の対象との隠れた関係によって道をゆがめられているのだ。たとえば、スピーチが苦手な人が怖いのは、人前で話すことじゃない(人前で話すことじゃなくても、自分が怖いものにはなんでも当てはまる)。恐れているのはその行為の自分にとっての意味で、その意味は見えないところに隠されている。

そうやって人は自分の中に恐怖を築いていく。**恐怖は自分の内から生じる**ものだ。そして、**怖がってちゃいけないと無批判に自分に言い聞かすたび、恐怖は膨れあがっていく。**

心のどこかで、人生のどこかのタイミングで、瞬間的な思考の裏側で、あなたはこんな疑問を自分に投げかけた。「これは自分にとってどんな意味があることなのか」と。そして、そのときの状況や自分の性格に合わせた答えをひねり出した。その瞬間、自分自身をテーマにしたストーリーが生まれる。誰かに話しでもしたら、情けない自分が丸わかりになってしまう屈辱のストーリーだ。だからその場に根を張り、ぶつぶつ言いながらストーリーを記したメモをいじり、内なるドラマを周囲に悟られないようにすることが人生の中心になる。それが恐怖にまつわるストーリーの困ったところで、だんだんと自分にとってのストーリーじゃなくなっていく。しかも心の中では、時間とともにリアリティーが増していく。

恐怖はあの手この手で私たちを縛りつける。

たとえば、世の中には犬好きの人と、そうじゃない人がいる。犬好きにとって、犬は「最良の友人」だが、中にはものすごく人なつっこいゴールデンレトリバーでも、視界に入っただけであとずさりする人がいる。それは子どものころ、近所の犬にびっくりさせられたり、怖い思いをさせられたりした経験があるからだ。その経験が、今や3部構成の壮大なドラマとなって、人生のゴールデンタイムの放送枠を占めている。

つまり、恐怖自体はなんの力も持たない。力を持つのはあなたが自分で考え出し、付け加えた重みや重大さのほうだ。というより、恐怖なんてものはどこにも存在しない雲のようなものだ。つかむことも、触れることもできないし、取りあげて抱きしめるのも不可能だ。

それでも人は恐怖を感じる。強い恐怖を感じ、本能で体験し、心を縛られる。

その恐怖は、どれも自分の心の産物だ。だからこそ、戦おうとしちゃいけない。**恐怖は共存し、そばで一緒に過ごすものであって、現れるたびに抵抗すべきものじゃない。**

恐怖は人間であれば当然の体験するものだ。

恐怖が固定した、何ものにも影響されない不動のものだとしたら、ジェットコースターに乗る人はみんなまったく同じ恐怖を味わうはず。だけど実際はそうじゃない。ある人は、ジェットコースターに乗ろうよと口にする友人をバカなんじゃないかと思い、人生の支えだとでもいうように手すりにしがみつく。その一方で、ある人はジェットコースターに乗りながら最高の気分を味わい、満面の笑みで終始その体験を楽しむ。

恐怖はすべてこういう主観的なものだ。人によって感じ方も違えば、恐怖の対象も違う。人前で話すのが怖い人もいれば、大好きな人もいる。ジムやスポーツのために生きている人もいれば、運動なんて考えもしない人もいる。

違いが生じるのは、恐怖そのものではなく、恐怖の重大さや重みを怖がっているからだ。サルトルなら、行動や出来事に自分で付与した意味だと言うだろう。

そのあたりを少しよく考えてみてほしい。あなたは自分で、実際よりもずっと大きな恐怖を感じてきた。ときどきやってくる圧倒的な恐怖によってパニックに陥ったときなどは特にそうだった。これからも、そうやって恐怖に振り回される人生を送るのもいい。だけど同時に、これからは大きな自分になって、恐怖とともに生きていくと宣言することだってできる。恐怖に主導権を握られるのも、旅の道連れにするのも、すべては自分次第だ。

恐怖に打ち克つ知恵　原則2
「自分に対する思いやりは、行きすぎると自己憐憫になる」

人はみな、人生のどこかのタイミングで恐怖に囚われる経験をする。だけどそれは、背筋の凍るような、パンツを濡らすような恐怖とは限らない。恐怖は不安や心配の形でやってくる場合もある。人が不安を感じるのは、自分には手に負えない、あるいは未知の危険な何かに挑まなくてはならないときだ。

そうした恐怖に「自分には無理だ」という内なる声が合わさると、人はたいてい安全な論理に逃げ場所を求める。

そうした状況への処方箋とされるものの中には、役立たずの知恵がいくつもある。「少しゆっくりしよう」に「そんなにがんばらなくてもいい」。私たちが自分に語りかけるそうした治療法が、人を後退させ、前進する力を失わせる。

そうした言葉が大きな意味を持つケースもあるし、その点はいくら強調してもし足りない。本当にがんばりすぎている瞬間や、本当に少し休むべき場面はあるからだ。しかし私の経験から言わせてもらえば、それはどちらかと言えば珍しいケースで、がんばりすぎていると思い込んでいるだけで実際にはそうじゃないことのほうが多い。人はちょっとした痛みや不快感、焦りを感じただけであきらめてしまう。

だから自覚を持たなくちゃいけない。責任を持ち、動けなくなるところまでは後退しない、まったく前に進まなくなるまでは「気楽にいこう」とは考えるまいと意識しなくちゃいけない。無意識の甘えに屈するのではなく、新しい考えや自己表現に挑まないといけない。人生に大きな変化を起こしたいと思うなら、予想外の不快な障害は乗り越えなければならない。自由はその先に待っている。

人生のほとんどの物事と同じで、私は恐怖を幅のあるものだと思っている。同じように自分を大事に思う気持ちも、状況次第で変動するものだと思っている。

自分でしっかり管理しておかないと、恐怖に駆られた人間は、自分を大事にしたい気持ちのメーターが振り切れて自己憐憫の領域に突入し、知らず知らずのうちにその影響を受けるようになる。ちょっと休むだけにとどまらず、自分に言い訳をするようになる。あるいは自分を励ますのではなく、取り組むべき課題を頭から否定して生きるようになる。

特定の課題や状況に対して「できない」と思うのと、まるで自分は無価値で、世の中のすべてが自分を邪魔しているとでもいうように、「なんにもできない」と思うのとではわけが違う。

あなたがもし、「ちょっと休もう」と自分に頻繁に語りかけているなら、後者になりかけている危険信号かもしれない。そうやって毎日、毎週「休み」を取るのが常態化しているなら、自己憐憫の領域に陥り、動けなくなりかけている恐れがある。

自己憐憫のゾーンで立ち止まっている本人には、そのことがわからない。自分では自己憐憫に囚われていると気づかず、どれだけ元気いっぱいで、自分をコントロールできているように見えたとしても、実際には自己憐憫の餌食になっている。

「ほかの人はそうかもしれないけど、自分は違う」と思う人が大半だろう。

だけどもし、自分がそういう人間だという自覚があるなら、あるいは自分自身から逃げているなら、あなたがすべきは逃げまわることではなく、一歩踏み出すことかもしれない。人生には、自分を甘やかすのではなく、逆境をくぐりぬけ、無理やりにでも足を動かし、自分の力を見せなくてはならないときがある。

それができなかったら、同じサイクルにはまり、ひとりきりで傷のなめ合い大会を主催するばかりの人生を送ることになる。そして最悪の自己憐憫の餌食とは、餌食になっていることに気づいていない人なのだ。

恐怖に打ち克つ知恵　原則3
「怖いのは人間だからだ。恐怖から逃げるのは、自分らしさから逃げるのと同義だ」

恐怖にはふたつの側面がある。ある面では、恐怖は全力で避けなくてはならないものだが、またある面では、なぜか惹きつけられる魅力を持っている。

ジェットコースターを考えてみてほしい。たくさんの人が何カ月もお金をため、不機嫌な顔の家族を乗せた車で国を横断し、1時間半も並んで待ち、最大最悪のジェットコースターに心から震えあがる経験をしようとする。そこには恐怖と同時に安心感もある。

私たちはそうやって、ときに全力で恐怖を避け、次の瞬間には安全な環境を確保したうえで、なんとしても恐怖を体験しようとする。そうでなければ、ホラー映画になぜこれほど人気があるのか説明がつかない。


もちろん、誰もがジェットコースターを好きなわけじゃないし、ホラーが苦手な人もいる。全員が恐怖に惹かれているわけじゃないし、中には全力で恐怖を避ける人もいる。一日中、寝室やリビングで過ごし、恐怖を感じる機会すら遠ざける人もいる。

程度の差こそあれ、人は恐怖を避けるべきだと思っている。何度も味わうべきじゃないと思っている。正体不明で心をざわつかせるものだと思っている。

だから恐怖を乗り越えたり、無視したりするための対策を用意する。それは、一時的に心を落ち着かせる精神安定剤のこともあれば、瞑想や飲酒のこともある。どれも人と交流する際の不安、あるいは今月の支払いの心配に対する恐怖を和らげ、苛立ちを抑えるものだ。あるいは、ただシンプルに避けようとする人もいる。安全で安心な自分の小さな城に侵入してくるものを追い払おうとする人たちだ。

たとえば人と話すのが不安な人は、パーティーや人混み、恋愛を避け、居心地の悪さや不快感を味わわないようにするかもしれない。自分の手に負えない状況を避けるわけだ。恐怖を避ける傾向は、勉強や知的な活動でも表れる。エッセイを書く、本を読む、講座に通うということを避けるのは怖いからだ。事業を立ち上げる、給料アップを求める、売り込みをかけるのをあとまわしにするのは、やっぱり怖いからだろう。

だけど、恐怖があなたに何かをするわけじゃない。恐怖はあなただけが持つ過ちや弱点でもない。恐怖は髪が伸びるのと同じくらい自然なもので、不可欠で避けられない自分らしさの要素だ。

そして、あなたが思い描いている目標や夢を**本気で達成したいと思うなら、恐怖をそばに置いたまま取り組まなくてはならない。**

「そばに置く」という言葉に注目してほしい。つまり、あなたはもう怖がりな人間なんかじゃないし、恐怖に支配されてもいない。恐怖はそこにあるが、あなたは恐怖をそばに置いたまま活動する。恐怖から独立し、恐怖を自覚し、怖くなりそうな場面に責任を持って備える。恐怖に打ち克ったとき、人は恐怖の中で行動し、体験を完全に自分のものにできる。恐怖を抱くのは悪いことじゃない。まずいのは、恐怖に支配されることだ。

恐怖を追い払おうとするのはやめ、受け入れて一歩を踏み出そう。その先には自分の人生が待っている。

第6章

成功についての知恵

あなたはすでに成功を収めている。
〝追いかけているもの〟にもうなっている。
今、この時点でだ。
あなたがするべきは、
何者かになろうとすることじゃなく、
今という瞬間を使って
現在の自分を表現することだ。

そもそも、あなたにとって「成功」とは何か？

私は成功というものにとことん嫌気が差している。いや、本当に。

少なくとも、現代社会での成功の描かれ方にはうんざりしている。私たちはみな、知らず知らずのうちに成功狂想曲へ巻き込まれている。これは完全なる詐欺だ。成功すること自体にうんざりしてるんじゃない。幸せを餌にしたおとり商法にみんなが引っかかり、だまされっぱなしなことにうんざりしているだけだ。

成功と幸福はまったく別の現象で、絶対に混同しちゃいけない。そんなことをすれば、人生が危うくなる。

私たちは、一方で心の平穏や充実感を追い求め、今という魔法の瞬間を生きることを絶えず願いながら、一方で同時に、遠い未来を目指すレースを考えなしに続け、その日が来れば何もかもが奇跡的に好転するはずだと思い込んでいる。

だから、心の平穏や充実感、生きている実感をいったん銀行に預け、かわりに不安や心配、切迫感を抱きながら、いつか「成し遂げる」日が来るはずだという一時の高揚感にすがっている。まともな神経じゃない。

成功は、書籍やセミナー、哲学、スキーム、作戦で何度も語られてきた、うんざりするほど退屈でつまらない話題だ。現代人の誰もが、何かしらのくだらない成功を追い求めているように見える。成功を追ってなんかいない、「出世競争」には興味がないと言う人も、本人が気づいていないだけで、自分なりの成功を追い求めている。社会の反逆児やライフスタイルを重視する親、「自分は唯一無二の存在」タイプの定番のやり口だ。

多くを求めない生き方は、多くを求める生き方と同じようにエネルギーを奪い取る。

だけど、そもそも「成功」とはなんだろう。もっと言えば、**あなたにとって成功とはなんだろうか**。何をもって成功したと言うのか。お金が手に入ったときか、ストレスが減ったときか、はたまた旅行へ行けたときか。

もちろん、人によってさまざまな部分もあるが、究極的には、成功にも一定のコンセンサスや、まわりの人、環境との関係性がある。

つまり現代社会では、何が成功で、何がそうじゃないかという、大まかな合意が形成されている。あなたにとっての成功の賛同者がほんの100人だったとしても、合意は合意だ。だけどその合意は、現実とイコールじゃない。そしてほとんどの人は、その合意した現実の完全なる奴隷になり、囚われの人生を送っている。

誰もが目的という名の「そこ」へたどり着こうとするが、それは無知で傲慢な考え方だ。「そこ」なんてどこにもない。それは幻想で、詐欺だ。あるのは常に「ここ」だけ。時間も今このときしかない。過去も、未来もなく、あるのは今だけだ。そのことに気づけない人は、いまいましいロボットとして永遠に眠ったような人生を送ることになる。

成功とは、これから向かう場所ではなく自分が今いる場所だ

人生は「今」の連続で、その果てに人は死ぬ。それ以外のことは、すべて脳の思考パターンや古くさい感情と行動でしかない。今、幸せや満足感、充実感が得られていないなら、いったいいつ得られるというんだろう。そのうち？　そのことに気づいていない人は、今すぐその目と耳を、顔の真ん前にあるほんとに本当のリアルな現実に向けるべきだ。

さっきも言ったが、**あなたは常に「ここ」にいる。だけどあなたは、今この瞬間のために本気で生きることができているだろうか。**

今この場所で、まさにこの瞬間に、愛し、許し、危険を冒し、存在し、行動し、可能性を表現できているだろうか。つまり、今以外にいったいどんな瞬間があるというのか。

恨みや怒り、軽蔑、皮肉、ゴシップ、妄想などに費やし、無駄にしてきた「瞬間」を思い出してほしい。そして、そういう一瞬をすべて足し合わせたら、これまでいったいどれだけのことができていたかを考えてほしい。このまま人生を終えたら、あなたは最後の瞬間、無駄にしてきた瞬間の積み重ねを後悔し、あんなことができたはずだとか、もっとこんな自分になれたはずだと思いながら死ぬことになる。

私は何もあなたを責めたいわけじゃない。だまされ、食いものにされているのはみんな同じで、あなたも心のどこかでそのことに気づいている。気づきながら茶番を続けている。

西欧社会では、主流であれ傍流であれ、成功についての退屈な考え方は、突き詰めるとある種の物質主義か何かに行き着く。目標を達成すれば、何もかもがうまくいき出すという考え方が軸になっている。くだらない。

そんなはずない。

仮にそうだとしても、この考え方に取り憑かれた人間は、目標を達成したらまた別の「そこ」を目指さずにはいられない。これまでそうだったように。あなたは、ハムスターがやるような回し車を回す堂々巡りの人生を続けるどころか、「自分自身が」回し車になっている。

高給取りの仕事に就きたい、豪邸に住みたい、セクシーで色っぽい恋人がほしい、好きなことをやる「自由」を手に入れたい。もっと多く、もっと高く、もっと速く、もっとよく。最近では逆の方向への揺り戻しも起こっていて、ミニマリズムだとか、こぢんまりした家だとか、テスラの車だとかが流行っている。インスタグラムで自慢しまくりたくなる夢の生活。だけどそれは、「少ないほうが豊か」という別バージョンの成功でしかない。一般的な成功の対極に位置してはいるが、それでも「ここではないどこか」へ向かいたいという考え方の本質は同じだ。私たちはみな、虹の向こう端にたどり着きたいという願望に突き動かされている。どちらにせよ、行きたい端を選んだら冒険の始まりだ。

そうやっていつもどこかを目指しても、絶対にどこへもたどり着けない。「いる」べき場所は「ここ」しかないからだ。

考えてもみてほしい。

マキシマリストとミニマリストは、どちらも物質主義的であることに変わりはなく、成功とは物理的な現象だと考えている。会社のCEOと、タトゥーを入れたこじゃれたバリスタは、一目見た印象はまったく違うかもしれないし、話す内容や価値観も正反対に思えるが、その違いは、同じ窓に交互に現れる別の景色と言ったほうが近い。

車を買うときの基準が馬力だろうが、燃費効率だろうが、車を買っていることに変わりはない。自転車通勤や徒歩通勤を心がける人たちも例外ではなく、「今以上」を求めている点ではみんな一緒だ。

私たちは成功を、外的な現象としてだけでなく、未来のものとして思い描きがちだ。仕事の経験をじゅうぶんに積めば、ジムでじゅうぶんな時間を過ごせば、いずれ何かが起こるというありがちな考え方。すでに設定した目標を数多く達成してきた人も、たいていはもっと上の成功が存在するから、1年、5年、10年先のそこを目指していつまでもがんばり続ける。

体重を〇キロ減らそう、お金を〇ドル貯めよう、本を〇冊読もう、借金を〇ドル減らそう。

要するに、具体的な中身はともかく、成功が常に自分の外にあって、あとからやってくるものだという部分は共通している。あなたも、そうした考え方をすっかり信じ込んでいる。

成功のあり方は社会の影響を受ける部分もあるが、多くの人が、そうした考えに慣れているとか、どうしようもないとか、ひっかけられたとか、そんなに大事じゃないものを重視するよう洗脳されているとかいった文句を垂れるばかりだ。被害者面《づら》をした人生へまっしぐらに進んでいる。

「悪いのは自分じゃない。社会だ！」と書いた巨大なネオンサインが頭の上で輝いている。

いいかげんにしてくれ！

ちっぽけなあなたに何かを強制する謎の集団なんてどこにもいない。あるのは公式にしろ非公式にしろ社会が合意した決まりだけだ。どんな社会にも善悪の基準があって、人はそれに沿って生きることを選ぶ。世界のどこでも基本線は同じだ。たとえば、日本とブラジルでは成功の捉え方が多少違うかもしれないが。

つまり、自分が成功をどう捉え、どう扱っているかの責任はほかならぬ自分にあるのだし、そう言われてカチンとくるのは、心ではそのとおりだと思っている証拠だ。

話が見えてきただろうか。そう、それはつまり、あなた次第で状況を変えられるということだ。成功がいつか外からやってくるという考え方をやめられるということだ。

その考え方は、もっと別の充実した何かで置き換えられる。人生は不愉快な回し車じゃない。人生は庭園だ。創り出し、育み、楽しむ場所で、そしてどんな庭園もそうであるように、手間暇かけて世話をしてやらなくてはならないときもある。だけどその労力を愛せなかったら、庭園を心から愛することも一生できない。

少し陳腐に聞こえるかもしれないが、それでも私は「**成功とはこれから向かう場所ではなく、自分が今いる場所だ**」という考え方を信じている。

成功は、通りの向こうや2カ月先にあるものじゃない。あなたはすでに成功を収めている。追いかけているものにもうなっている。今、この時点でだ。あなたがするべきは、何者かになろうとすることじゃなく、今という瞬間を使って現在の自分を表現することだ。結果？　そんなものはあとからついてくる。あなたが本物になり、**自分の心に沿った行動を常に取り、目の前にあるもののために生きられるようになって、不安や恐怖や重圧から解放されたら、必ずあとからやってくる。**このアプローチを続ける限り、未来は勝手にうまくいく。

人は自分自身であることを拒絶する唯一の生き物だ。
——**アルベール・カミュ**

私は何も、目標へ手を伸ばし、成長を志すのをやめろと言ってるんじゃない。やけくそになって手を伸ばすのはやめようと言っている。手を伸ばすなら、自分の人生を輝かす形でしようと言っているのだ。

今の自分に満足し、同時にすばらしい何かへ手を伸ばすことはできる。だけど溺れながら、息も絶え絶えに救命具へ手を伸ばすようなことは、もうやめなくちゃいけない。船の中でしっかりバランスを取る、あるいは岸でしっかり大地を踏みしめる人間のように、確かな土台と自分の居場所への自信を持ちながら、新しい何かに手を伸ばそう。

成功についての知恵　原則1
「人生の責任を自分以外の誰かに負わせたとき、被害者面をする人生が始まる」

これは私の墓碑銘になるだろう。

この言葉は、私が取り組むすべての根幹だ。もしあなたが私のこれまでの本を読むか、SNSをフォローするかしているなら、おなじみの考え方だろう。この言葉に納得できないなら、私とは別の道を行ったほうがいい。私のほうから譲ることは絶対にない。どうしても納得できないなら、まあ仕方ない。少なくとも活用はできる。納得できないということは、少なくともあなたに「ある程度は」自分の意志が残っているという意味だからだ。

さて、自分の人生に責任を持つという決意が、次のような言葉から始まったとしたらどうだろう。

「ええ、でもあなたには、彼女のような人間が母親だった私の気持ちはわからないでしょう？」

とか、

「ええ、でも前の恋人が……」

とか、

「いい考えだけど、でも現実は……ねえ？」

とか。

しかし、破産したとか、虐待されたとか、何かを失ったとか、捨てられたとか、利用されたとか、だまされたとか、つきまとわれたとか、生まれた土地がどうだったとか、性別に健康、体重、年齢、見た目、苦労、短所とかいったものは、人生の流れに対する究極の決定打にはなりえない。必ず自分自身に密接に結びつけて考える限りは。すべてにおいてだ、嘘じゃない。

そうした決意に、「ええ、でも……」とか「もし～だったら」の入り込む余地はない。

私たちの頭には、うまくいかないことがあると、すぐ自分以外のせいにしたくなる回路が備わっている。だからこれは、あなたに限った話じゃない。誰かのせいだとすぐ口にしようが、あとで言い訳しようが同じことだ。気に入らないことが起こった瞬間、人は犯人捜しを始める。誰かのせいにしたいという思いが稲妻のようなスピードで襲ってきて、エネルギーを奪っていく。

取引が失敗に終わった。くそっ。「全部ジョンのせいだ」。誰かがバーベキューにポテトサラダを持ってくるのを忘れた。ちっ。「なあ、君が持ってくるはずだっただろ」

私たちはそういう思考を自動的にするのがどんどん得意になっていき、どんな問題でも正確に犯人捜しができるようになる。会社へ行く途中で車のタイヤがパンクしたのも、口座の残高が寂しいのも、昇進を見送るひどい上司のことも、なんでも一瞬で誰かのせいにできる技を身につけるようになる。

こうした器用な曲芸が自分にどんな影響を及ぼしているか、考えたことはあるだろうか。

自分に対して責任を持つことから意識的に逃げ続けていると、問題にしっかり取り組む

パワーがいつの間にか失せていく。自分で握るべき人生という車のハンドルを、誰かに明けわたして運転を任せ、自分は後部座席でため息をつき、目を白黒させながら、人生が悪いほうへ悪いほうへと否応なしに進んでいくのを黙って眺めているようなものだ。

自分の人生に起こったことは、人のせいにしても解決しない。誰かを指さしたところでなんにもならないし、謝罪を待つのも無意味だ。最終的にそれがうまくいっても、自分のためにはまったくならない。

もちろん、本当に相手が何か過ちを犯しているのに、その責任を問いただしてはいけないわけじゃない。だけど**人生で成功を収めたいなら、自分自身の小さな宇宙の中心に自分を置く方法を見つけなくてはならない。**

視点を変え、自分の肩に責任をすべて担い、状況や環境の被害者ぶるのをやめなくちゃならない。

責任を持つ過程は、「**現実にこうなっている。じゃあどうする？**」と自分に問いかけることから始まる。答えが見つからないなら、問題の原因として、さらにはそこから抜け出す道として、自分自身が見えてくるまで見つめ続けよう。

人生を好転させ、お金や、尊敬や、評価といった称賛や栄光を得たいなら、同時にうんざりするものも一部じゃなく、すべて受け入れる必要がある。状況の責任を完全に受け入れられてはじめて、答えが見つかるかどうかも、決意やクリアーな思考が手に入るかどうかも、自分次第になる。

そのためには、心のアクロバットを成功させなくてはならないかもしれない。繰り返すが、ほとんどの人は「なんでも人のせいにする」曲芸人生を続けているから、回路をつなぎ直して今までの直感を克服する必要があるのだ。その過程で、自分がこれまでいかに被害者面をしてきたか、絶望感やあきらめを、人生を投げ出す言い訳に使ってきたかに気づくこともあるだろう。

自分にはそれができるということを、ぜひわかってほしい。なぜなら、あなたこそが人生のすべての答えだからだ。**善いことも悪いことも、悲劇も、成功も失敗も全部ひっくるめて自分の人生の当事者になったとき、すべてが始まる。**

過去の出来事への責任逃れをしてもなんにもならない。責任を逃れる生き方と、責任を取る生き方の大きな違いは、運転を考えればすぐわかる。誰かに操縦を任せながら運転することはできない。逆に自分の足でアクセルを踏み、人生という獣《けもの》に息を吹き込んだのなら、発進したとたんに言い訳がましくなったり、罪悪感や屈辱感、後悔の念にさいなまれたりすることもない。当たり前だ。自分で車を運転し、まわりの状況を頭に入れ、集中しながら、目的地まで走りきるためにやるべきことをすべてやるのだから。

人生も同じだ。人生の流れという体験に責任を持とう。

あなたもきっといつか、私と同じように、その責任に気づくはずだ。

責任は人生最大のプレゼントだ。

ハンドルを握り、人生というすごいドライブを始めようじゃないか。

成功についての知恵　原則２

「失敗を大好きになる必要はないが、同時に恐れてもいけない」

少なくとも、歩みを止めるほど恐れる必要はない。

今の世の中には、失敗を愛し、受け入れ、さらには楽しむと誰もが宣言する、なんとも気持ち悪い風潮がある。

私はひとつの哲学の持ち主として、そうした傾向には100パーセント反対だ。失敗という現象を怖がるのは、何も悪いことじゃない。ほとんどの場合、健全な反応だ。失敗から逃げるのではなく、向き合う方法を考えるきっかけになる点では、失敗を心から愛するという考え方にも最低限のメリットはあるが、それでも納得できない。直感的に受け付けないというだけでなく、まるで生産的でないからだ。

必要なのは、失敗と現実的な関係を築き、失敗を糧にすることだ。結局のところ、爆発的な大成功を収めようと思うなら、失敗は避けられない。どんな成功を目指すのであれ、その途上では多かれ少なかれ苦境に陥る。夢に見た成功を手に入れたあとでも、失敗はついてまわる。山の頂上にいる人間だって、失敗に苦しまなくちゃならない。

だからこそ、人間は失敗との付き合い方を学び、客観視できるようになるべきだ。失敗する可能性に対して、それで構わないと思えるようになろう。気にしなさすぎたり、愛するところまでいったりするのではなく、**失敗が地平線の向こうから姿を現しても、それで構わないとほどよく思い、前進を続ける。**道の途上で足を止め、立ちすくまないようにする。

失敗がもたらす感情の渦に呑み込まれないことも大切だ。気落ちしすぎたり、沈みすぎたり、ちょっとうまくいかなかっただけですぐにやめたりしないこと。失敗は成功に不可欠な要素だ。それでも、世の中には幾度となく失敗し、まったく成功できない人がいる。何度も事業や人間関係に失敗し、大きな成功は1回も収められていない人たちだ。

そうならないために、失敗をそのまま受け止めるんじゃなく、失敗は足を止める要因じゃないという姿勢で受け止めよう。失敗は試合の一部にすぎないと考えよう。あなたと失敗との今の関係はどんな感じだろうか。

失敗をめぐってゴタゴタが起こるのは、関係がおかしくなっているせいだ。「恐怖」の章でも話したとおり、人間は頭の中で自分なりの現実を築き、本当じゃないものに振り回されてしまうところがある。だけど、事業が傾いたり、クビになったりしただけで死ぬわけじゃない。息をして、自分を奮い立たせ、別の方向へ向かうことはできる。

あなたは生きていて、アイデアを持ち、心臓は脈打っている。最高の出発点だ。**失敗したら死ぬんじゃないかと不安がるのではなく、失敗の意味を現実的に捉えることを覚えよう。**

成功についての知恵　原則3
「ポジティブ思考は過大評価されている」

ポジティブであることについて話すのが好きな人は多い。「ポジティブ思考があれば、なんだってできる。人生はもちろん、世界だって変えられる。さあ、ポジティブにいこう！」ってね。

いや、私もポジティブ思考を憎んでるわけじゃない。いつもにこにこしている人のところへ行って叫んだり、年がら年中陽気な人に自分の1日がどれだけひどいものだったかを説いたり、商店街で親切なおばあちゃんを突き飛ばしたりしているわけじゃない。

だけど現実問題として、お金でも、キャリアでも、事業でも、目指すものがなんにせよ、成功に向かって進んでいたら、絶対にがんばらなくちゃならないのに、自分の全細胞が

「イヤだ！」と悲鳴をあげる瞬間が必ずやってくる。ひどい不安にさいなまれ、パニックに足を取られることがある。目の前の課題を乗り越えるのをあきらめ、落ち込み、どうしようもなくひねくれた見方をしたくなるときがくる。

「じゃあ、もっとポジティブにならないと！」と言う人もいるだろう。

勘弁してもらいたい。私たちには、そんなことにかまけている余裕はない。

ポジティブ思考の人に対して、「あなたたちだって、できると言ったことを実現できなかった経験はあるだろう？」と指摘できたら、なかなか痛快なんじゃないだろうか。自信と元気に満ちあふれ、やり遂げたと自分で思っていても、実際はそうじゃない人がいる。きらきら輝くポジティブの粒子に頭からつま先まですっぽり覆われていても、うまくいかなかった人間は絶対にいる。

先ほどの指摘が痛快なのは、私は打ちのめされた人、圧倒され、足を取られた人を応援するのが使命だと思っているからだ。そして、そうした人たちにただもっとポジティブになれと言うのは、その人の苦しみをまるでわかっていない人間のひどく的外れな助言だからだ。

明るい出来事はいいと思うし、ポジティブであることが状況を好転させるエネルギーになるのも認める。しかし、ポジティブが役に立つのはせいぜいそこまでだ。私は、気分に関係なく奇跡的な結果を生み出せる方法をみんなが見つける手助けをしたいし、まずはポジティブの聖杯を見つけようと促し、脇道へ誘い込むようなことはしたくない。

ポジティブという紛いものの殻に完全に覆われ、手ひどく失敗したときでさえ、その影響を自覚せず、向き合おうともしない人がいる。言うなれば彼らは、きみも次のスターになる方法があると言いふらすひどい歌手、あるいは自分の家が焼け落ちるのを見つめるしかない状況で、感謝の笑みをこぼしながら、これで手を温められるじゃないかと言っている人間だ。

ホシムクドリは、きらきら光るもの、特に銀を集める習性を持っている。彼らの巣をのぞくと、さまざまな金属の破片や、場合によっては婚約指輪のひとつやふたつが見つかるだろう。

光るものを集めることで頭がいっぱいのホシムクドリと、ポジティブの魅力に取り憑かれた人間はよく似ている。巣の中は散らかり放題で、ひなたちはおなかをすかせているのに、コーラのプルタブがあることに満足している。最高のコレクションだ。イェイ！

こんなふうに、**ポジティブに取り憑かれると、本当に大事なものが見えなくなる。**ポジティブ思考を身につけようとがんばったところで、問題は依然としてそこにあって、解決されるのを待っている。それなのに、熱意やモチベーションという名の旅で脇道にそれていたら、仮にやる気が手に入ったとしても、ポジティブの甘いベールで視界が完全に覆われている。だから自分が築きあげてきたちっぽけな帝国のもろさやはかなさに気づけない。そして、気づいたときには手遅れになっている。

そういう人は、「降って湧いたような」成功が、ポジティブまみれの顔の真ん前に落ちてきても気づかない。

結局のところ、**大切なのはやるかやらないか**で、力を入れるべきはそこだけだ。ポジティブか、そうじゃないかなんて関係ない。自分のこれまでを正直に振り返れば、ネガティブな思考を抱きながら、それでも成果を出してきた経験が何度もあるはずだ。私自身、「できない」という鈍い声が頭の中で響き、気が滅入りっぱなしのなかで、それでも会心の勝利を収めた経験がある。とにかくやり遂げたのだ。

あなただってそうだ。やれると思っていなかった仕事に就けた人もいるだろうし、自分の能力に何度も疑問を抱きながら、プロジェクトを完遂した人もいるだろう。どん底の状況に陥り、モチベーションも最低まで落ちるなかで、それでもあなたはゴミを出し、ベッドから起き上がった。**ポジティブであろうとすることは構わない。だけどそれは、成功の必須要素じゃない。**

ポジティブ思考の大切さがしきりに言われるなかで、何もかもが明るく輝くことの魅力に惹かれる気持ちは理解できる。それでも、気持ちは移ろうもので、それはポジティブであることにも言える。ちょっとしか続かないことも、割合に長く残ることもあるだろうが、前に進むべきタイミングを計ったり、前進する方法を見極めたりするためのサインとして気持ちを使ってはいけない。

というより、何かを築くための出発点になるものがあるとすれば、それはポジティブな気持ちや意欲や熱意がないなかでも力強く行動できる能力だけだろう。

行動こそがカギだ。ほかはすべて雑音にすぎない。

成功についての知恵　原則4

「真の強さは、性格ではなく前へ進もうという意志から生まれる」

あなたはいったい誰なんだろう。いや、冗談で言ってるんじゃない。あなたはいったい「何者」なんだろうか。

宇宙の魂がどうとかいったことをあなたがのたまい始める前に、こちらから答えを言わせてほしい。

あなたは大根役者だ。

今のあなたは、予測可能な行動や思考、感情を、脳神経のパターンに沿って繰り返すだけの存在にすぎない。これまで築きあげてきた「決まったやり方」に日々、すべての場面で従っているだけでしかない。自分で決めたルーチンや筋書き、性格のタイプの操り人形にすぎない。

もちろん、その小さな舞台では、あなたが常に主役だ。役割は、神秘的でカリスマ的なはぐれ者か、枕に顔をうずめて叫ぶお調子者か、それとも残酷で悪辣な世界の過ちと戦う翼の折れた天使か。冷静な実利主義者の場合もあるかもしれない。傲慢極まりなく思える連中がヘマをしでかすのを眺めながら、本を片手に、頭の中で「そうなると思ってたさ」という声のボリュームを最大にする人間だ。

私たちは日々、自分の性格の強みを探し、それを武器に望みのものを手に入れようとする。お調子者は、ユーモアを使ってまわりを苦境から引き上げ、あるいは人から好かれようとする。実利主義者は勉強をし、時間をかけ、次から次へと訪れる難局を切り抜ける作戦を練る。

ところが、そのやり方にはひとつ難点がある。それは新しい何か、特にまだ挑戦していない大きな何かを成し遂げたいなら、そうした特徴はなんの役にも立たないことだ。新しい何かを達成するには、自分の知る自分を超えていく方法を見つけなくてはならない。

成功は、台本から外れたとき、これまでの自分のあり方という縛りを打ち破ったときに訪れる。成功するには、新しいやり方に挑み、以前なら尻込みしていたものに勇気をもって取り組み、以前なら飛びついていたものをがまんする必要がある。その逆をやらなくてはならないこともあるだろう。つまり、これまでの自分という狭い範囲に頼るんじゃなく、「自分」という人間を隅々まで探索する必要がある。人間は奇跡的な存在だという話を覚えているだろうか。

人はなんにだってなれる。今すぐに。

今この瞬間にも、活力と、エネルギーと、パワーと、情熱と、勇気を備えた人間になれる。どの「あり方」を選んでも、人間として一段上のレベルへ行って、新しい結果を生み出せる。そうしたあり方を使って、今の性格という沼地を抜け出そう。あなたは最初から、どんな状況でも自分を活気づけられる深い能力と影響力を持っている。必要なのは、自分自身のために一歩を踏み出すことだけだ。

本当の強さをもたらすものは、性格じゃない。**本当の強さは、今までやらなかったことに挑戦し、「わからない」「面倒くさい」「できっこない」ことを考え、その先へ向かったときに手に入る。**

なぜなら、その先にこそ別次元の強さと、新しい結果へつながる、探索すべき広い道の数々が見つかるからだ。

先へ進み、状況を改善し、新しいレベルへ上がろうとすれば、自分の性格という試練と向き合わなくてはならないときがやってくる。これまでの自分が、もはや重要ではなくなる瞬間が訪れる。それがどういう形で、いつ訪れるかは予測しづらいが、対決のときがいずれ必ず来るのは間違いない。

そのとき、あなたは選ばなくてはならない。今までと同じキャラクターを演じ続けるのか、それとも役割を変えるのか。台本に書いてあるセリフをただ繰り返すのか、それとも即興やアドリブを駆使して立ち現れた課題に柔軟に挑み、新しい方法や手法を編み出して乗り越えていくのか。

そういう決定的な自己改革の瞬間に、あなたはこれまでの自分のすべてに疑問符をつけ、自分の可能性、自分の本来あるべき姿という未知の領域へ踏み出して、これまでの当たり前を打破する。

その方法を、おそらくあなたはもう知っている。ただ現実的じゃないと自分にずっと言い聞かせ、目を背けてきただけだ。

事業でも、仕事でも、楽器でも、絵筆でも、粘土でも、アイデアでも、胸に燃える炎ならなんでもいい。愛でも、情熱でも、冒険でもなんでもいいから、可能性を握りしめて、自分のものとして受け止めればいい。

今の場所から足を踏み出し、予測不能な未知の領域へ分け入って、試合を始めよう。

成功についての知恵　原則5
「人生は行動でしか変えられない」

今のあなたは、ふたつのまったく異なる世界の交差する場所で生きている。

ひとつが思考や感覚、感情という**内的世界**、そしてもうひとつが振る舞い、別の言い方をするなら**行動の世界**だ。もちろん、両方を合わせてひとつの世界のはずだと思う人もいるだろうが、実はその考え方こそが、今の生き方の大きな要因になっている。別々の、異なるふたつの世界を融合させることに時間の大半を注ぎ込んでしまっているのだ。

現代社会に暮らす私たちは、感じ方が変われば、行動も変わるという考え方にどんどん取り憑かれている。思考や感覚、気持ちが変われば、人生が変わるという考え方だ。しかし、これは間違っている。

自己啓発でも、これをテーマにした本は非常に多い。自信をつけるための七つのステップに、30日間で自信が増す方法、モチベーションを高めるシンプルな秘訣。どれも心の中の状態と現実の状況をマッチさせようという無駄な試みで、そのふたつがシンクロしない限り人生は停滞したままだと主張しているようだ。

どれも、心の中を変えることが軸になっている。そうした視点から、感じ方が刷新されれば望んでいた新しい行動の仕方も生み出せると訴える。気持ちが楽になり、熱意が増せば、望みの場所へたどり着くのに必要な行動が起こせると。だけど、ポジティブであることがなんの解決にもならないことはすでに話したとおりだ。

このやり方がうまくいかない理由を説明しよう。

それは、私たち人間の成功は１００パーセント、どれもひとつ残らず、今までとは違う行動を取ることで生まれたものだからだ。その中に、気持ちの変化がもたらしたもののもあるという見方は幻想だ。それなのにあなたは、ほとんどの人と同じように、そこから間違った真実を描き出している。役立たずの知恵にだまされている。

もちろん、感じ方が変われば、行動を変えるためのモチベーションは出やすくなるだろう。それでも、行動を変えるには、現実世界で変化を起こさなくちゃならない。それは、やる気や自信がなかろうが同じだ。気持ちを新たにしたところで、行動が変わらなかったらなんにもならない。さらに言えば、行動が変われば感じ方も変わる。

だからこそ、やる気や満足感を高めることは、行動を始める前じゃなく、始めた「あとで」意味を持つ。

自分でも性に合わないことを言っていると思うが、それでも未来に向けた行動を続けない限り、すべては空想上のたわごとにすぎない。

私たちの暮らしや、歴史上の価値あることはすべて、小さな行動から始まった。だからこそ私は、集中力と精神力、エネルギーのすべては行動の世界を変えることに振り向けるべきだと言いたい。**新しい人生を築く過程は、**気持ちをシフトさせることじゃなく、**行動を変え、行動する回数を増やすことを軸にしたときに始まる。**

気分や自信を高めるのは何も悪くないが、成功へ到達したいなら、気持ちはそのままでも行動を変えるほうが確実だ。ひどい気分でもプロジェクトを終わらせる。不安で、怖くてもあの人をデートに誘う。集中できなくても勉強する。

ほとんどの職業で、やるべきことをやっていれば、稼ぎは減らない。ネガティブな気分かどうかはあまり関係ない。ところが天にも昇る心地であっても、やるべきことをやらなかったら稼ぎは減る（というかゼロになる）。

だからこそ、**重要なのはどう思うかではなく、行動すること**だ。

これを機に、「しっかりやる」という言葉にまったく新しい意味を与えてはどうだろうか。

第7章

とんでもなく賢い生き方

私たちは意義ある人生を
送るために生きている。
目的のある人生、
とんでもなく賢い人生を送るために。

今までの自分にはこだわらなくていい。あなたは変われる。きょうにでも

さて、お別れのときが近づいている。私は、本気で人生を変える何かをあなたに残したいと思っている。

この本には、読み終えられないほど膨大な量にはならない範囲で、できる限りの知恵を詰め込んできた。最近は誰もがいろいろなものをめいっぱい抱え、情報過多に陥り、時間がないように思えるからだ。

それでも、重要な部分はかなり網羅できたと思っている。ここからは**あなた自身が人生の根本的な要素に向き合い、本気で考え、前へ進むための課題に取り組む**ときだ。愛情に関するどんな思い込みを捨てるべきなのか。恐怖や喪失、成功に関して、これまで何を誤ってきたのか。望みの人生を送る権利を主張できるかは、すべて自分にかかっている。思考や反応を支配する感情の浮き沈み、あるいは紆余曲折のあるストーリーより、ずっと具体的なものに根ざした人生だ。

そうやって、人生の根本を理解できたと感じたら、今度は一緒に**どんな「人生という作品」を作りたいか**を考えよう。

そう、そのとおり。人生という作品だ。自分だけの傑作、自分の存在が放つまばゆい栄光の光はどんなものかを考えていこう。

それは、あなたがこの世を去ったあとに残るものだ。影響力や財産と言ってもいい。20歳の人も、80歳の人も、今すぐこの疑問に向き合ってほしい。自分がこれまで、どんな足跡を残してきたかを考えよう。あなたはいったい、あとに何を残してきただろうか。

私自身は15歳か16歳のころ、今も仲のいい一番の親友と未来の話をした。親友は「何かしたいことはあるか？」と聞いてきた。

私は「わからないけど、自分が死んだあとも生き続ける成果を残したい」と答えた。

この言葉が、人生を変える目的として今も胸に燃え、自分を形作っている……と言えたらパワフルだし最高なんだが、実際はそうじゃなかった。私の口から飛び出したその言葉は、しばし宙を漂い、スコットランドの夏の空に溶けていった。そのあとの私たちはだらだらと、とりとめもなく、音楽やサッカーの話をするだけだった。

まあ結局、そのどちらも自分には向いていないとわかったわけだが。


そのあと、私は40代になるまで人生と格闘し、ほとんどの場面で負け続けた。

特筆すべきところのない、凡庸な人生を送った。それは私が凡庸な人間だったからというだけではなく、泥の中から這い出そうとしなかったためだ。私はその日、その週、その月のつまらない心配事に時間を費やす人生を続けていた。

お金を稼ぎ、友人を作り、恋人を見つけ、家を買い、バカンスへ行き、不満をこぼし、楽しみ、また不満をこぼし、前よりも楽しみ、また不満を言って、料金を支払い、前へ進もうとし、夢をひとつふたつ追いかけ、またバカンスへ行き、また料金を支払い、別の家を買い、新しい車を買い、家族と一緒に過ごし……そろそろ言いたいことがわかってきただろうか。つまり、みんながやっていることをやった。そうしない理由がなかった。


あなたも似たような人生を送っているのではないだろうか。

私は40歳になるまで目を覚ませなかった。頭の中の世界に閉じこもり、手作りジャムの小さな瓶の中から「現実的」に思える目標を追っていた。だけどそれを続けていたら、私は人生の後半戦に入っても後悔ばかりの日々を過ごしていたに違いない。

もちろん、成功は収めたし、友人や家族はできて、雨露をしのぐ場所も手に入れたが、充実感や幸せという、目的の土地へ近づいていなかった。一歩下がって自分と向き合ったときに、そういうものが人生の一部を成しているのは全然構わない。しかし、それに人生を費やすのは問題だ。

みなさんと同じで、私は何かを「こなす」人生を送っていたが、必要なのはみなさんと同じ、何か「になる」人生だった。私は、今までとは異なる自分になる必要がある人生、そのために日々立ち上がらなくてはならない人生をどうしても欲していた。ハードルを飛び越えることを求められる人生を、必要としていた。

転換点になったのは、**「この生き方を続けて、それでいったいなんになるんだろう？」**と、自分に問いかけたことだった。未来という深淵から叫び返してきた答えは、こう言っていた。なんにもならない、と。苦しみ、願い、あがき、はかない楽天主義と、哲学的に肩をすくめることに慰めを見いだしながら、やがて死んでいくのだと。あなたも、先ほどの疑問の答えを自分で考えてみよう。希望的観測はナシにして、自分に真実を伝えてほしい。

少し時間を取って、人生の軌道を振り返ってほしい。**自分は今、何にがまんし、何をあとまわしにし、何に苦しみ、何と奮闘しているのか。**心の目を使い、そのらせん階段を下っていこう。人間関係や体型、経済状況、情熱の対象、感情のトリガーや苦痛、自分の重い過去に対する思い入れを追っていこう。自分の現実を見つめ、抱えているものの重みを感じよう。**これは机上の理論や、今後の人生に向けたリハーサルなんかじゃない。あなた自身の、あなただけの人生の話だ。**

今の生き方を続けて、いったいなんになるのか。

しばらく待つから、腑に落ちる答えを探してほしい。

今ここで、石のように冷たい、残酷な現実を描き出してほしい。今の道を歩み続けたらどうなるか。

見えてきただろうか。

オーケー。息を吸って、吐き出そう。肺の中の空気を押し出そう。

答えのとおりになると決まったわけじゃない。あなたは変われる。きょうにでも。年齢も、どんなひどい状況にいると思っているかも、どんな苦境に陥っているかも関係ない。これから本物の、順調で、軌道に乗り、安定した、とんでもなく賢い人生とはどういうものかを教えよう。

「自分らしさ」追求の代償

はっきり言おう。人はみな自由を欲している。もっと言えば、自分自身である自由を欲している。当然、みんな自分自身であることにこだわり、自分とまわりとの違いを必死で探している。自分らしさに夢中の現代人が多いのも無理はない。

それの何がいけないんだ、と思う人もいるだろう。人には夢や目標、権利があるじゃないかと。だけど自由が大好きな人は、いったんそこで立ち止まり、もっと大きな全体像に目を向けてもらいたい。

知ってのとおり、私たちは「自分はどうだろう？」世代、もっと言うなら何世代もの「自分はどうだろう？」族に囲まれて生きている。自分探しは巨大なビジネス、それもおいしいビジネスのようだ。現代人のまわりはすべて、自分に関するもので固められている。自分のためになる、自分を対象とした、自分に供し、自分の関心を惹き、自分のための貪欲な欲求を満たすものであふれている。

問題は、そうやって自分のことばかり考えていると、自分がダメになっていくことだ。ウソじゃない。近しい人との関係だけでなく、世界そのものとの関係もおかしくなっていく。

これまでを振り返ってほしい（多分、そうやって促さないと自発的に考えることはないだろう）。誰かが自分の持っていないものを持っているとわかった瞬間、「自分はどうだろう？」と思った経験はないだろうか。

私たちはみな、誰かと見比べて、自分が周囲と幸せな関係を築けているか、別の言い方をすれば、私たちの幸せを阻む人間がいないかを考える。誰かが気持ちを素直に表現し、自由を謳歌しているのを見て、自分に対する当てつけだと思い込む。周囲から自分へと、外と内へ交互に目を向け、比較対照を繰り返し、永遠に満たされない渇望に囚われていく。

ここで、あまり使いたくない言葉を使おう。

ナルシスト。

なんでこの言葉が嫌いかというと、ナルシストというのはたいてい、「ほかの人に」レッテルを貼り、決めつけるときに使う言葉だからだ。この言葉を使うと、誰かを分類する許可を得たような気になってくる。相手も願望とニーズ、自分なりの乗り越えるべき過去を持った、息をする生き物だという視点を忘れ、「物体」として扱うようになる。表には出てこなくても、人はそれぞれ苦しい事情を抱えているのに。

その言葉を使ってもいい場面がひとつだけあるとすれば、自分に対して使うときだ。しかも使うのは、自分自身をよく分析し、考察し、今の自分に対していくばくかの責任を取るためだ。自分の中のナルシストな部分を明らかにするためだ。

はっきり言って、**あなたは自分に夢中になっている。**だからこの本を手に取った。「そういう人間は自分だけじゃない」、あるいはＳＮＳやリアリティー番組、自撮り等々が流行りだしたせいで表に出るようになっただけで、ずっと昔からみんなそうだったじゃないか」と言う人もいるだろう。だけど考えてもみてほしい。「世界」はあなたの行動に反応しているだけだ。あなたはそれだけの力を持っている。

このあたりを少し掘り下げてみよう。

人類はここ数百年、大きな革命をずっと続けていて、私たちが暮らす現代もそのまっただ中にある。もっとも、私の言う革命とは誰の目にも明らかな、よく知られている物理的な革命の話じゃない。人々が武器を手に取り、通りを埋め尽くし、君主や政府、差別、生き方のために闘い、抗議する活動のことじゃない。確かに、そうした革命は歴史を通じて何度も起こってきたし、これからも似たような革命がたくさん起こるだろう。

しかし私からすれば、それらはすべて、本当の革命の副産物にすぎない。たとえばアメリカ合衆国の建国は、この惑星を襲った（そして今も襲っている）体系的かつ大規模な変化の一番わかりやすい例だ。

その劇的で強烈な変化とは、いったいなんだろうか。

それは私たちの考え方、そしてもちろん、話し方の変化だ。人類は、会話に関する革命の中にいる。私たちは言葉を使って新しい自由や新しい考え方、新しい表現の自由を生み出し、言葉で自分という存在を形作っている。そしてこの変化が、大波のように未来へ向けて押し寄せ、今後生まれ来る新しい世代の新しい生きる道を洗い流そうとしている。

長い歴史のなかで、人は必死に物を改良し、生活を改善し、新しいレベルの自由を手に入れようとしてきた。それは決して悪いことではないが、何かを解決しようとする行為には、たとえ善意の行動であっても、必ず意図しない影響が伴う。そしてその影響は、一見するとわかりづらい代償を要求してくる。

もちろん、私たちは選択の自由を欲している。投票先や所属する集団、社会的、経済的な地位、住む場所、暮らす家は自分で決めたいと思っている。

そうした願望の土台に、人間最大の欲望がある。それは**自分がどういう人間でありたいか、どうなりたいかを自分で選びたいという根源的な欲求**だ。自己表現や、自分らしさを表明することへの欲求と言ってもいいだろう。

現代はさまざまな自由が手に入りやすい時代だ。私ももちろん、思考や行動の自由をほしがる感情が根本的に間違っているとは思わない。まったく思わない。

それでも、**自由を追い求める旅には大きな代償が伴う**ことを忘れないでほしい。その代償は本人のみならず、人類全体の目に見えない舞台裏でどんどん大きくなり続けている。

その代償とは何か。あなたは自分がどんどん偏狭になっている気がしないだろうか。どんどん内向きで閉じこもりがちになり、不安や心配、懸念材料が増し、まわりの人や世界との溝がどんどん広く、深くなっていると思わないだろうか。

それこそ、私たちが自分らしさという自由を求めてきた代償だ。私たちは自省の罠に捕らわれ、自分にのめり込んでいる。自分にふさわしいと思う権利を重荷として背負いながら、心の一番深いところにある、何よりも嘘くさい願望に突き動かされている。

ところが、人間は完璧じゃない。である以上、そうした考えに取り憑かれた人は、やがておへそのまわりの産毛を夢中でむしり続けるような人生を延々と続けるようになる。自分のダメな部分や過去の失敗、足りない部分、必要なものが頭から離れなくなる。

それをなんとかして乗り越え、克服し、振り切ろうとするなかで、似たような屈辱的でトラウマ的な瞬間を何度も何度も味わう。かゆくて仕方ない場所をかきすぎるせいで、気味の悪い穴が空き始めている。

外にはほとんど目を向けず、外の世界で何が起こっているかもよく把握できないまま、関心の矛先が内へ向き、自分の嫌いなもの、気に入らないものの数々にばかり目が行っている。

だから、自分が望む新しい自分になる力は手に入らず、むしろなれなかった自分への不安や心配ばかりが増している。そうやって負のサイクルは続く。自分の体重や容姿、キャリア、お金、短所、失敗に対する不安やあきらめを感じ、まわりは前へ進んでいるのに、自分は立ち尽くしたままなのがいたたまれない。置いていかれることへの恐怖も感じている。

そうした内向きの傾向は、本来なら私たちが得意とする、花開かせることができるはずのつながりを遠ざける要因になる。

私たちは、集団の中での自分をなくしかけている

私たちは、人間というある種の部族だ。自分という存在の静かな唯一性も、独立した個でありたいという願望も、すべて集団と照らしあわせることではじめて成り立つ。基本的に人は、家族や友人の輪、村、町、市といった群れに交じることを好む。その「集団」は、人口が増え、移動がしやすくなり、日々の生活に溶け込んだテクノロジーが進歩するなかで、あらゆる意味でかつてなく大きくなり、つながりを増している。

それでも私たちは、**絶対的な孤独を感じる**。先進技術を使ってオンラインの別人格のうしろに隠れ、ひっそりと（ときに公然と）怒りや不安、恐怖、違和感を匿名で攻撃的に口にしながら、アイコンタクトや実際に顔を合わせて話すことへの恐怖は日ごとに高まっているようだ。

もし500年前に生きていたら、もっとリアルで具体的に（目に見えるわけではないが）感じられる集団の一員になれただろうし、その中での評価は、これまでの集団への貢

献がもとになったはずだ。隠れ場所もなかった。お針子であれ、狩人であれ、呪術師や農家、鍛冶屋、メイド、町のパン屋であれ、あなたは集団の参加者で、集団の中で具体的な役割を持った人間だった。

そして、そこで成功を収めたいなら、自分の頭の中から出て、実生活の中へ飛び込んでいかなくてはならなかった。そうした生活や、生活の質は、当時も、今も、ほかの人との会話や人間関係によって織りなされるものだ。

簡単に言えば、当時の人は自分ではなく、他者と織りなす人生に夢中になっていた。そして、その中心は何かを追い求めることではなく、行動することだった。

大きな仕事も、小さな仕事もあっただろうが、それでも人々は自分に求められているものを把握し、それを提供していた。だから墓掘りだろうと、煙突掃除や毛糸作りだろうと、集団の中で大事に扱われ、欠かせない機能を果たしていた。それは単なる仕事ではなく、集団の一員となることを要求される仕事だった。今言った言葉を、もう一度読み直してほしい。これはおとぎ話の世界の話じゃない。これからそういう人間になる方法を紹介するから、がんばってついてきてほしい。

現代社会では、誰かから、「立ち上がれ」「いっぱしの人間としての姿を見せろ」と求められることはもうない。だから人は内へ向かい、自分の小さな世界の暗がりや影の中を探索して自分を形成する。ポジティブであることという名の分厚いコートを、外向きではなく内向きに紡ぐ。

そうやって、感情や痛みという迷宮の中で迷子になっていく。

今のあなたの人生は、会話という観点では完璧に筋が通っている。**あなたの首を絞めているのは、立ち向かうべき問題じゃなく、問題に対する自分の声だ。**私の前の著書でも紹介したように、感情と会話はダンスパートナーだ。

つまり、人間は感情と思考でできた生き物じゃない。人間は言葉が形作る生き物で、毎日、毎秒、言葉とフレーズ、愚痴を使って生きるという体験を作り出している。しかも、作り出すのは自分が味わう体験とは限らない。人間には耳がある。だから、まわりはあなたの影響を受ける。そう、影響しているのだ。それなのに、あなたはそのことに気づかず、自分の関心事や足りない部分にかまけ、すでに持っているパワーが見えていない。

なにも中世や、植民地時代よりも前の生活に戻れと言ってるわけじゃない。だから携帯電話をそんなに固く握りしめなくても大丈夫だ。当時の社会にだって、よくないところはいくらでもあった。人々は劣悪な環境で貧しい生活を送っていた。社会全体での偏見や女性差別、人種差別、非人道的な行為など、現代社会の感覚では理解しきれないレベルの残酷な現実があった。そうした点を考えれば、自分のことばかり考える人生がこれほど広まったのもわからないではない。

それでも私は、自由を得ていくかわりに、私たちが人間としての重要な要素を失っていった事実をあなたに考えてほしい。

私たちという見方。自分も「私たち」のひとりだということを。

私たちは、集団という見方を失いかけている。小型化が進み、滅菌され、扱いやすくなった機械の数々に囲まれて生きていることを言いたいんじゃない。私たち全員が、全集団として、集団の中での自分をなくしかけていると言いたいのだ。

現代人が何かを生み出していると言えるだろうか。現代は消費主義に毒され、誰もが必要なものを手に入れることにやっきになっている。それは形ある物に限らない。私たちは喜びや愛情、達成感、承認、称賛、つながりを欲しながら、ほかのみんなも同じものを求めていることに気づいていない。

たとえば、インターネットで活躍する「インフルエンサー」の台頭だ。みなさんの中には、彼らをうさんくさく思い、「何がインフルエンサーだよ」と見下す人もいれば、彼らの言葉や考え、アドバイスに従って人生の安息所を手に入れようとしている人もいるだろう。

だけどそもそも、たくさんの人が影響を求めているからこそ、インフルエンサーが現れたのだ。あなたもその「たくさんの人」のひとり。私たちは、感情を吸い尽くそうとする吸血鬼の世界に生きている。そして私の言う「人」が自分とは関係ないどこかの誰かの話だと思っていたら、大事なポイントとチャンスを見逃すことになる。だから今だけは、自分のことだと思って読み進めてほしい。

「自分はどうだろう?」軍団は目の前のすべてを食い尽くしながら行進を続けているのに、個人の自由や自己表現、未来の成功に目がくらんだ私たちはたいてい、集団催眠にかかっていて、そのことに気づいていない。

社会に貢献している人もいるじゃないか、と思う人もいるだろう。だけど、何かのために立ち上がろうとする人なんて、今となってはどこにもいない。

いや、ゼロではないが、それでも世界は不満と破壊、喪失、怒りで満ちている。**誰もが答えを探すばかりで、自分を差し出して「人生の答えになろうとする人」はほとんどいない。**

「戦略的」貢献をやめ、とんでもなく賢い人生に踏み出そう

さてここで、ここまでがんばって読んできた人生の被害者のみなさんに向けて、いつものようにちょっとした予防線を張っておこう。先ほどの文章を見て、「だけど自分はいつも他人を優先してきたのに、人生が思いどおりにいかないんだ」と、言いだす人が現れるはずだからだ。

そういう人はこう考えてほしい。**他人を助けるのは、本当はその人のためじゃなく、自分が何かを「手に入れる」ための作戦なのだ**と。そして作戦にこだわるたったひとつの理由は、その何かをずっと探し求めてきたのに、決して手に入らなかったからだ。他人を助

けているのに、力が湧いてこないとしたら、それは自分にどんな言い訳をしようと、隠れた願望やニーズがある証拠と言える。見返りは具体的な報酬のこともあれば、称賛や自尊心といった感情、場合によっては優越感や過去を許される感覚でもあるだろう。いずれにせよ、あなたが水面下で追い求めてきたものたちだ。

言い換えるなら、見返りを求めている以上、その行為は本物でも、本心からのものでもない。私はそれを「戦略的」貢献と呼んでいる。ゴミを出すのは、今後を考えてパートナーに対する「点数稼ぎ」をしたいから。非営利団体でのボランティアに打ち込むのは、自分が罪悪感とか恥辱とかいった暗い感情以上の存在だと自分に言い聞かせたいから。人に優しくし、思いやりをみせるのは、穏当な方法で相手を操りたいから。すべては作戦だ。子どもの宿題を手伝うのは、子どもに成功してもらいたいという以上に、自分をよく見せたいからだ。そういう作戦だからだ。

どれも何かを埋め合わせようという試みで、「貢献」の中身が何にせよ、結局最後は、常に自分のためだ。自覚していなくても、最初はなかなか納得できなくても、その事実に変わりはない。

「仮に作戦でも、他人のために何かをするのはいいことだ」と思う人もいるだろう。

確かに、どんなに小さくともいいことをするのはいいことだし、世界のためになりはするが、ここで肝心なのは、あなたがとんでもなく賢い人生、充実した人生をどう送るかだ。そして善行という名の作戦を遂行する限り、求めているものは決して手に入らない。

しかもそれは、やっかいな偽物というだけでなく、姑息な人生だ。何もわからない人ではまったく別の意図を持っている。そして向こうがこちらの隠れた作戦に反応してくれなければ、怒りを募らせ、憎しみをたぎらせる。

（怪しんではいるだろうが）を相手に駆け引きを続けながら、あなたは何かをしつつ、頭

今までの自分から脱皮して、人生をやり直したいなら、そうした作戦をあきらめる必要がある。誰かを操ろうという見え透いた作戦（そう、それこそあきらめるべきものだ）は撤回し、もっと深層にあるもの、人生を複雑にするばかりの内なるプログラムを探し出そう。

恐怖や不安、希望と向き合い、もっと開けた場所で自分の人生を生きよう。いつも望みのものが手に入るわけじゃないが、そこならもっとクリアーな頭で、手にしたものを輝かせながら、次のステップへ、その次の、さらに次のステップへと準備を進めていける。

自由への道のりは、最初はショッキングで（やるべきことにはじめて向き合ったのだから当然だ）、でこぼこして、入り組んでいるように思える（やるべきことに気をつけだしたのだから当然だ）が、いずれ簡単な、感謝すべきものに思えてくる。そうやってあなたは、本物のパワーが手に入る開けた場所で、自分の人生に立ち向かい始める。

私たちは意義ある人生を送るために生きている。目的のある人生、とんでもなく賢い人生を送るために。

第8章

本当の貢献

人生で本当に価値のある何かに
目覚めよう。
恐怖や失敗は脇へ置き、
今こそなりたいと思っていた
自分になろう。
人生に違いを生み出すだけでなく、
自分が違いになり、
みんなに影響をもたらそう。

自分を無価値な存在だと断じているのは、あなただ

人間は、お互いに影響を与え合うようにできている。あなたもそうだ。

現代社会では、ほとんどの人が富や名声、称賛を求めるレースを続けているが、そういった夢を実現したあとの人を見てみれば、人を本当の意味で突き動かすものが理解できる。本当の充実感をもたらし、成長させ、お互いをつなぐものが見えてくる。

心からの願いだと思っていた目標をついに達成した人、虹の橋をわたりきった人を観察すると、彼らはとたんに山ほどのお金や賞への興味をなくし、本当の自己表現へ自然に向き直る。スティーブ・ジョブズやビル・ゲイツ、ジョン・D・ロックフェラーらはみな、人類への大きな貢献という奥深いニーズへ立ち戻っている。誰かの人生を変えることだけを願い、誰かの人生を変えることを人生の目標にする。そうした無私の貢献こそが、真の意味でのとんでもなく賢い人生を呼び込む。それが秘訣だ。それがすべてだ。

では、あなたは世の中にどんな違いを生み出せるのか。

何も生み出せない。

お願いだからムッとせず、「どういうこと？」と思いながら、ただ生存するだけの人生とか「違いを作り出す」人生といった幻を振り払い、あきらめや理由づけや言い訳は脇へどけて、私と一緒に飛び込んでほしい。

残酷な現実を伝えよう。今のあなたは、意識的に人生へ影響をもたらせていない。貢献できていない。自分だけの小さな家へ完全に閉じこもり、ズレた生き方をしているからだ。ほかの人と同様、あなたも自分自身の奴隷になり、自分の放蕩生活と、自分で作り出した無意味な競争に永遠に尽くしている。予測可能な感情のシーソーに乗って上がったり下がったりしながら、もっと大きなもののために立ち上がろうというパワーをほとんど感じられずにいる。それは自分勝手だからじゃない。自分勝手なのは結果でしかない。

あなたは、たどり着くべき場所、今の最低な状況を逆転できる未来があるという考えに、すっかり心を奪われている。かみつき、蹴飛ばし、叫びながらでもそこへたどり着かなくちゃならないと思っている。そして何より、自分をペテン師だと思っている。だから心の奥底では、自分には「違いなんて生み出せない」と感じている。取るに足りない無力なやつで、技術も頭脳も評判もカリスマ性もない、人生においてものすごい存在になる要素なんて何ひとつ持っていない。結局のところ自分は80億の人類のひとり、広大な宇宙にある無限のチリのほんの一粒でしかない――。そう思って絶望し、ちっぽけでどうでもいい、無意味な試合を続けている。

「自分」という名の試合を。

そして、なんで自分は大きな幸せや満足感、充実感を味わえないんだろうと思っている。しかも、人生に違いを作り出せず、影響力ある人生を生み出せていないのだから、当然、自分には力がない、大きな絵の中でなんの意味も持っていないようなものだと結論づけている。

そう、**自分で自分を無価値だと断じている。**

この言葉をかみしめてほしい。

必要なだけ向き合ってほしい。

それがすべてだ。あなたの今の生き方の単純明快この上ない答えだ。

人生を振り返れば、そのことが自分でわかるはずだ。口で何を言い、表面的に何を思おうが、あなたは無価値な生き方をしている。感情や記憶、自動的な反応の下のどこかで、自分には大した力がない、違いを作り出せない、周囲に必要とされていないと感じている。誰にも気づかれることも、ほめられることもないなら、あえて苦しい状況に飛び込むこともないと思っている。

気づかれないどころか、笑われ、愚か者扱いされるかもしれない。そうやってあなたは、また周囲の反応から自分のあり方を決めている。

深い部分で、あなたは「自分には価値がない」という姿勢の人生を送っている。だけどそれは完全なる反逆、自分に対する手ひどい裏切りだ。それなのにあなたは、その気になればやれる、いつかやれると証明することに人生を費やしている。

本当のあなたは驚くべきすばらしい存在なのに、ちっぽけで、けちで、他愛ない、つまらない人間になっている。自分を安全な場所へ閉じ込め、甘やかし、小さいままにとどめているからだ。まわりが何かしたわけじゃない。母親や抱えている問題、元恋人、自分で描き出した人生のストーリーも原因じゃない。原因はあなただ。あなたが体系的かつ冷徹にそうしてきた。自分自身を見限ってきた。

この数ページの内容について、早速反論を考えている人もいるだろう。料金の支払いが遅れ、体重が減らず、仕事に就けず、事業がうまくいかず、学位が取れない理由を考えている人もいるだろう。自分に足りないのはひとかけらの勇気だとか、過去を払拭してトラウマを乗り越えることだと感じている人もいるかもしれない。自分には発信力がないとか、経験やノウハウが欠けていると思った人もいるだろう。そう、そのとおりだ。億万長者じゃあるまいし、強みやリソースがなくても仕方がないじゃないか。


「誰もがビル・ゲイツになれるわけじゃないんだから、ちょっと元気づけてくれたっていいだろう？　そうしたらこっちもみんなのために何かするよ」そう思っているかもしれない。だけどちょっと待ってほしい。

そうやって「ちょうだい、ちょうだい、ちょうだい！」ばかりでは、ほかの人と何も変わらない。

それが吸血鬼の論理だと気づいているだろうか。

「自分だってまわりに貢献してるよ！」と言う人もいるだろう。

だけどそれは幻想だ。あなたは多くの人と同じように、自分の時間やお金、スキルを差し出すことが貢献だと思っている。「わかった、社会に恩返しするよ」と言って、子猫を救う活動に50ドルを寄付し、毎年2時間は近くの炊き出しに参加している。だけどそれは貢献〝している〟だけであって、貢献に〝なっている〟わけじゃない。そういう貢献じゃ、とんでもなく賢い人生は送れない。貢献するのは悪いことではないし、大なり小なり助けにはなっている。それでも、貢献になることに捧げる人生は、それとは比べものにならないほどの驚異的で幅広い影響をもたらす。

上から目線で言ってるわけじゃないし、あなたに罪悪感や屈辱感を味わわせようとしているのでもない。そうやって、こちらの意見に納得できない、反論してきそうな人を潰すのは簡単だ。だけどこの本を読んでいるあなたには、すばらしい人生を送るチャンスがある。あなたがそういう正しい人間だと思って話している。つまりはこういうことだ。**貢献に〝なる〟ことこそが満ち足りた幸せな人生の条件だ。**ほかに道はない。

あなたがお金や勲章をどれだけほしがっているかはわからない。しかし、どれだけお金や勲章が手に入ったところで、インパクトと影響力を持ち、可能性を体現する人間として生きる豊かさには代えられない。しかも影響を与えるだけでなく、影響に「なる」のだ。そのために完璧な人間になる必要もない。大切なのは貢献という名の試合に出場することだけ。そこでは負けも勝ちもあり、生存本能のクモの巣に捕まる日もあれば、もっと大きな何かに目覚める日もある。あなたはそれを何度も何度も、１日また１日と繰り返して生きていく。

車の購入や事業の成功、執筆、人間関係といった自分の目標をあきらめなくちゃならないのかと言えば、もちろんそんなことはない。そうしたものを求めながらでも、**大事な何かを軸に人生がまとまり始めれば、自然と価値のある人生を歩める。**自分のカップを満たし、自分が何者かを認識しながら生きられるようになる。

自分のためだけじゃない人生

とんでもなく賢い人生を送るには、日々のごく基本的なニーズや欲望、願望ばかりに目を奪われず、恐怖や失敗を脇へやり、成功を手に入れたり痛みから逃げたりすることにこだわるのをやめ、外の世界へ飛び出して、ずっとなりたいと思っていた自分を披露する必要がある。すべての会話、すべての交流で自分をフルに表現し、自分の人生に違いを作り出すだけでなく、万人にインパクトを与えられる〝違いになること〟を目指すのだ。

そうやって、これまでのような平凡でつまらない、自分のためだけの人生とは決別したらどうだろうか。試合に出る選手として、自分自身の人生に責任を持つのはもちろん、周囲に気を配り、影響をもたらす人間になってはどうだろうか。インフルエンサーに。

「インフルエンサーはくだらない連中の集まりだって言ったばかりじゃないか」と思う人もいるだろうが、本物のインフルエンサーになって人生に命を吹き込むには、話し方を変えるだけでいい。

そういう人間になるのに、お金や知識、経験、時間は必要ない。定期的なオプラ・ウィンフリー級のアドバイスも、100万人のフォロワーがいる輝かしいインスタグラムのアカウントも、フェイスブック上のピクサー級のインターネットミームも、それを裏付ける哲学の博士号も必要ない。

まわりをよく見よう。知り合いに文句を言い、ゴシップを交わすんじゃなく、まわりの人の行動を確認しよう。パートナーや家族、友人、同僚、元恋人、昔の級友、ご近所、いつもコーヒーを淹れてくれるスターバックスの店員、ウーバーのドライバー、クレジット請求の電話に答えてくれるカスタマーサービスのスタッフは、何をしているだろうか。

その人たちにとって、あなたはどういう存在だろうか。彼らのつまらない日々への絶望や、ひねくれた人生観に同調する人間か、それとも彼らの世界を変える人間か。彼らにどんな貢献ができているか。どんな人間として見られているか。

あなたは人生のテーブルに何を持ち寄っているのか？

真っ先に思いついたのが、何かの言い訳や説明、正当化だったら、あなたは私がこの本で話してきたタイプの典型だ。充実した、生きがいを感じられる、幸せな人生を送る秘訣は、自分の人生を〝他人のためのもの〟にして、自分のおなかや心やチャクラの真ん中に空いたブラックホールを埋める無駄な試みに人生を費やさないことだ。何人か仲間を見つけ、1杯の（あるいは10杯の）ワインをともにしながらままならない人生に不満をこぼしているうちに、少し幸せになった（少なくともほろ酔いになった）気がしても、実際には何も変わっていない。

SNSに「優しくなろう」とか「思いやりを持とう」といった投稿やミーム、動画があふれているのは知っているが、今は自分に真実を伝えるチャンスだ。

あなたはこれまで、「優しさ」や「理解」を心がけて1日を始めたことが何回あるだろうか。目的を持った意図的な自分になろうと意識したことは何回あるだろうか。最初そう決心していたのに、誰かに何かされたとか、余計な出来事があったとかでやる気の炎が消え、すぐにあきらめてしまったことは何回あるだろうか。


答えがどうであれ、新しい生き方はきょうから始められる。まずは三つ、優しくなるという目標のための意図的な行動を取ろう。愛のある人間になるでも、がまん強くなるでも、理解力を深めるでも、繊細になるでもなんでもいい。**自分なりの目標を選び、意図的な人生を送ろう。**積極的に試合に出場し、貢献しよう。それから別の何かを選び、そちらに取り組もう。

最高の人生を〝どこかで見つけよう〟としない。〝あなた自身が人生〟なのだから

いっぱしの人間になるのは簡単じゃない。今までどおりふらふらしながら、思いついた賢いアイデアや作戦を使って自分のための成功を目指しつつ、時おり自分をごまかすかのように善行を積み、のみ込みやすい形に過去を編集しまくっても、唯一無二の飛び抜けた人物だとは思ってもらえない。

人に好かれるのは簡単だ。海賊みたいな銀の指輪をはめた指で札束をひらひらさせている写真や、業界最高水準の耐久性を持つヨガパンツにお尻を突っ込んだ写真をインスタグラムに投稿すれば、「いいね」は押してもらえるだろう。だけど充実感や心の平穏は手に入らないし、最高の自分という奇跡も起こらない。

「自分は問題を抱えてるんだ」というみなさんの言い訳が聞こえてくるようだ。だけど、誰だって問題くらい抱えている。それが生きるということだ。みんなひとつやふたつ、いや、50個くらいの問題を抱えている。どう問題を切り抜けるかで人生を評価していたら、

決して幸せにはなれない。問題は次から次へとやってきて、決してなくならないからだ。問題を抱えていたって幸せにはなれる。そこは二者択一じゃない。

飛び抜けた、生き生きとした、魅力的な人生は誰だって手に入れられる。だけどそれには、**最高の人生を〝どこかで見つけよう〟というばかげた行為をやめなくちゃならない。だって、〝あなた自身が人生〟なのだから。**自分のあり方や行動の仕方こそが人生の本体で、生まれ変わるのに外から何かを持ち込む必要はない。

必要なのは意味のある何か、本当に価値のある人生に目覚めることだ。そして、あなたには今すでに価値がある。違いを作り出し、言葉や存在で誰かの人生に影響し、変化を生む力を持っているのだ。そういう意識的で意図的な人生を送れなかったら、ドローンの群れの中を自動操縦モードで進む人生が待っている。

あなたは人間じゃなくて自然現象だ。そして現象を起こすのに必要なのは、ひねくれた見方をしたくなる場面で自分の可能性を信じ、恐怖を感じるなかで勇気を出し、怒りや憎しみを抱えながら受け入れ、許し、愛し、全身の骨という骨がまずは自分を守れと叫びかけてくるなかで思いやりを持つことだ。

「だけど、そうするにはどうすればいいの？」と思う人もいるだろう。

勇気を持って飛び込めばいい。冒険心でも、寛容の精神でも、慈愛の心でも、自分がなりたいと思う自分になる決意を秘めた人間を目指して飛び出せばいい。愛のある人間になるという決意を固めているなら、そうした決意に沿った行動を考えよう。決意にふさわしい言葉は何で、愛を誰に示すべきだろうか。

それを実行しよう。今すぐに！

望んでいた反応が返ってこなくても、気にすることはない。結果はどうあれ、あなたという現象になるのだ。そうすれば、あなたは息をしている、快活でひたむきな、本物のとんでもない存在になれる。

この本を使って自分の人生を変えるには、見方を変え、ユニークな考えに対して心を開き、簡単ないつもどおりの道ではなく、正しい道を進む必要がある。**まわりに好かれ、受け入れられ、なじみたいからといって自分をねじ曲げ、装い、壊すのではなくて、自分の信念に対して誠実になる**必要がある。自分自身になる必要がある。

今まで以上の大きな人生を送ることに自分を捧げよう。

自分自身が人生の活力源になり、おもしろみのない退屈な解説者や観察者、被害者面をした言い訳ばかりの人間になるのをやめよう。何百メートルも離れたところから人生を見つめ、目にしたものに文句を言う生き方をやめよう。

観客になって不満を言うのをやめて、選手になって試合に参加しよう

私が周囲からどう見られているかを気にせず、心穏やかに、余裕を保っていられるのには理由がある。簡単だ。私が恐怖などの感情のトリガーを持たないロボットだという意味じゃなく、まったく別の何かのとりこになっているというだけの話だ。

つまり、私はこの試合に観客ではなく、選手として没頭している。自分自身と思考、アイデア、情熱を投じている。観ている人には期待こそすれ、怒りはしない。結局のところ、観客が選手に何かをすることはできない。何かしたところで、それは私に対する行為でし

かなく、当の私は自分のためじゃなく、ほかの人のためになるか、あるいは、どう貢献できるかだけを考えて生きている。私はそういう試合に臨んでいる。

私はほかの人のために生きる人生を送っている。高潔で、寛大で、啓蒙された人間だとかいうことでは全然なく、単純にそれが最高の人生だと思って突き進んでいる。それしかないと確信している。


「へえ、そりゃあ立派だし、あなたはそれでいいんだろう。だけど僕の人生は違うし、自分のために生きているろくでなしやペテン師は腐るほどいる」と、言いたい人もいるだろう。

気持ちはよくわかる。こういう生き方の私を利用しようとした人間がいなかったかといえば、そう願っているとしか言えない。私はこの世界で存在感を発揮するために生きているし、戸棚に隠れて生きたくはない。もっとも、ひどい目に遭ったことは数えるほどしかない。

どうしてかって？　そういうくだらないことをあまり気にしていないのだ。何度もあったのかもしれないが、本当のところは誰にもわからない。だとしたら、自分のエネルギーや関心はすべて可能性のほうへ振り向けたい。いつも、どんなときもだ。私は過去の出来事よりも次の出来事に惹かれているし、あなたもそうあるべきだ。

状況を把握しているし、責任もある。私は試合の出場者なのだ。

あなたがこの試合に参加し、周囲のすべてに影響を及ぼす戦いを始めるなら、私もあなたと周囲のすべてを尊重しよう。だけど、人生に対して善人ぶった支離滅裂な判断を下してばかりの人間だったら、パスして先へ進む。そんな人に時間をかけるつもりはない。

あなたもこの試合に参加したらどうだろう？

できるに決まってる！　参加することは今、この瞬間、すぐにでもできる。

今この瞬間にでも、社会的な評価や服のセンスや圧倒的なカリスマ性や真っ白な歯はなくとも、部屋に入るだけでまわりの雰囲気を変える人間になることはできる。目標にする価値のある人間として姿を見せ、自信過剰や傲慢や見栄っ張りに陥ることなく、まわりからホッとする、さらには憧れだと思ってもらえる人間になれる。

自分が望む大きな変化になろう。人生に愛が足りないなら、愛情になろう。つながりが欠けているなら、つながりになろう。理解や友情、受容が必要なら、作戦を練ったり、見返りを求めたりせず、堂々とそういう人間として姿を見せるときだ。決めつけや言い訳、責任逃れをやめて、ただ登場すればいい。

人生を自分のものにしなければしないほど、人生は好転する。直感的には理解できないかもしれない。ただ自分が生き延びることしか考えられず、その考えを手放すのが怖い人もいるだろう。だけどそこが勝負どころだ。自分の不安よりも大きく、心配や懸念材料よりも優れた人間になろう。そのためには自分の影響力、言い換えるなら自分の総合的なインパクトに目を向けることだ。

スキルもリソースも必要ない、偽りの精神状態を大々的に宣伝して自分をアピールする必要もない、貢献になろう。人生の道行きを意識的にシフトさせ、今こそ自分の力と内なる才能を自覚しよう。

以前、私よりもずっと賢い人から「君の代わりにおしっこはしてやれない」と言われたことがある。これはあなたにも当てはまる言葉だ。

私はあなたの代わりに何かしてやることはできないし、あなたが自分自身や自分の問題にふけり、人生の白昼夢のとりこになって、自分を哀れみ、もう持っているものをやみくもに探して貴重な時間を無駄にするのを止めることもできない。

時計の針は進み続ける。あなたの時間はきのうよりきょう、きょうよりあしたのほうが少なくなっていく。

チクタク、チクタク……。

だからこっちへ来て、私と同じように試合へ臨み、違いを生み出し、機敏に激しくプレーし、全力を出し切ろう。それからまたあしたも目を覚まし、同じことをやろう。次の日も、また次の日も。それを続けながら、目標を設定し、帝国を築き、体を鍛え、借金を減らし、事業を始めることはできる。あなたの存在そのものが、そうしたことに情熱を傾けろと叫んでいる限り、問題にはまったくならない。

世界へ目を向けるのに、自分の苦境が改善するのを待つ必要はない。両方へ同時に取り組みながら、自分を元気に、はつらつとさせることはできる。

歴史に名を残せるのは選手だけで、一番いい席で見ていた観客じゃない。多くの人がそうと知りながら、今すぐ試合に出場する機会をつかむよりも、いつか選手になれたらなと思ってしまっている。

これはチャンスだ。今、きょうの話で、このあとはもうない。試合に出よう。

どうしようもない不安を乗り越える
とんでもなく賢い人生の送り方

発行日 2021年 5月30日 第1刷

Author ゲイリー・ジョン・ビショップ
Translator 高崎拓哉（翻訳協力：株式会社トランネット）
Illustrator YUYA（Atelier FOLK）
Book Designer 吉田考宏（カバー）、コバヤシタケシ（本文）

Publication 株式会社ディスカヴァー・トゥエンティワン
〒102-0093 東京都千代田区平河町2-16-1 平河町森タワー11F
TEL 03-3237-8321（代表） 03-3237-8345（営業）
FAX 03-3237-8323
http://www.d21.co.jp

Publisher 谷口奈緒美
Editor 大竹朝子 橋本莉奈（編集協力：鹿児島有里）

Store Sales Company
梅本翔太 飯田智樹 古矢薫 佐藤昌幸 青木翔平 青木涼馬 小木曽礼丈
越智佳南子 小山怜那 川本寛子 佐竹祐哉 佐藤淳基 副島杏南 竹内大貴
津野主揮 直林実咲 中西花 野村美空 廣内悠理 高原未来子 井澤徳子
藤井かおり 藤井多穂子 町田加奈子

Online Sales Company
三輪真也 榊原僚 磯部隆 伊東佑真 大崎双葉 川島理 高橋雛乃
滝口景太郎 宮田有利子 八木眸 石橋佐知子

Product Company
大山聡子 大竹朝子 岡本典子 小関勝則 千葉正幸 原典宏 藤田浩芳
王廳 小田木もも 倉田華 佐々木玲奈 佐藤サラ圭 志摩麻衣 杉田彰子
辰巳佳衣 谷中卓 橋本莉奈 牧野類 三谷祐一 元木優子 安永姫菜
山中麻吏 渡辺基志 安達正 小石亜季 伊藤香 葛目美枝子 鈴木洋子 畑野衣見

Business Solution Company
蛯原昇 安永智洋 志摩晃司 早水真吾 野﨑竜海 野中保奈美 野村美紀
羽地夕夏 林秀樹 三角真穂 南健一 松ノ下直輝 村尾純司

Ebook Company 松原史与志 中島俊平 越野志絵良 斎藤悠人 庄司知世 西川なつか
小田孝文 中澤泰宏 俵敬子

Corporate Design Group
大星多聞 堀部直人 村松伸哉 岡村浩明 井筒浩 井上竜之介 奥田千晶
田中亜紀 福永友紀 山田諭志 池田望 石光まゆ子 齋藤朋子 福田章平
丸山香織 宮崎陽子 岩城萌花 内堀瑞穂 大竹美和 巽菜香 田中真悠
田山礼真 常角洋 永尾祐人 平池輝 星明里 松川実夏 森脇隆登

Proofreader 文字工房燦光
DTP アーティザンカンパニー株式会社
Printing 大日本印刷株式会社

ISBN978-4-7993-2739-5